CliffsNotes™

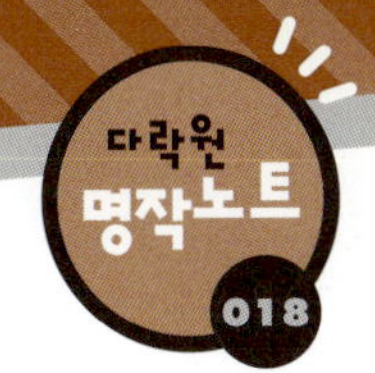
다락원
명작노트
018

몽테 크리스토 백작

The Count of Monte Cristo

알렉상드르 뒤마

다락원 WILEY Publishers Since 1807

세계의 교양을 읽는다

고전을 왜 읽는가?

인간의 삶과 세상에 대한 영원한 물음이 있기 때문이다. 시대와 사상을 뛰어넘어 지금 여기 우리에게 필요한 물음이 없는 고전은 더이상 고전이 아니다. 인간과 삶에 대한 근원적인 물음 없이 고전을 읽는다면 자신과 인간에 대한 성찰과 지혜로 이어지지 않는다. 논술 시험 때문에, 과제물 때문에, 아니면 남들이 읽으니까, 나도 읽는다는 식이라면 그 책은 죽은 책일 수밖에 없다.

고전을 살아 있는 책으로 만드는 이 '물음!'에 답하기 위해서는 좋은 길잡이가 필요하다. 40년 이상 미국의 고교생과 대학 주니어들이 시험, 에세이 작성, 심층토론 준비를 위해 바이블처럼 애용해온 'CliffsNotes'와 'SPARKNOTES'는 바로 그런 좋은 길잡이의 표본이다. 이 두 시리즈가 원조 논술연구모임인 '일이관지(一以貫之)' 팀의 촌철살인적 해설을 곁들여 〈다락원 명작노트〉로 재탄생해 논술로 고민중인 대한민국 학생 여러분을 찾아간다.

CliffsNotes와 SPARKNOTES의 가장 큰 장점은 방대하고 난해한 고전을 Chapter별로 요약하고 분석해서 원전의 내용에 보다 쉽고 체계적으로 접근하는 신속·간편성이라고 할 수 있다. 여기에 '一以貫之'팀이 원전의 중요한 문제의식, 즉 근원적 '물음'은 무엇이며, 그 '물음'은 오늘날에도 여전히 유효한가, 라는 질문을 다시 던진다.

대입논술로 고민하고, 자칭 타칭의 고전이 넘쳐나는 오늘의 독서풍토에서 지적 정복이 긴박한 대한민국 학생들에게 감히 이 시리즈를 자신 있게 권한다.

一以貫之 논술연구모임 연구실장 이호곤

차례

CliffsNotes와 SPARKNOTES는 방대한 원작을 보다 쉽게 이해할 수 있도록 돕는 안내서입니다. 원작 이해를 돕기 위해 작가와 작품에 대한 배경지식, 그리고 매 장마다 간단한 '줄거리'와 '풀어보기'가 실려 있습니다. '줄거리'를 통해서는 원작의 내용을 명쾌하게 파악함으로써 독서의 즐거움을 느낄 수 있을 것입니다. '풀어보기'에는 원작에 담긴 문학적 경향, 등장인물의 심리상태, 시대상, 주제 등을 설명해 놓았습니다. 비판적 글읽기의 바탕이 되는 요소들이죠. 비판적 글읽기는 소설과 비소설 작품을 막론하고 책을 읽을 때 꼭 필요한 자질입니다.

그 밖에도 작품을 좀더 심오하게 분석할 수 있도록 '마무리 노트', 'Review' 등을 마련해 놓아 독자 여러분의 글읽기를 돕고 있습니다.

* 〈   〉는 장편소설, 중편소설, 논픽션, 시집. "   "는 수필집, 단편소설

● 일이관지(一以貫之) 논술노트

권말에는 一以貫之 논술팀에서 작성한 논술 노트가 실려 있습니다. 원작을 우리의 삶과 연계시켜 비판적 사고와 논리적 글쓰기의 방향을 제시합니다.

● 실전 연습문제

논술예제와 기출문제를 통해서는 원작을 바탕으로 출제 가능성이 높은 논점을 함께 숙고해 봅니다.

작가의 생애

〈삼총사 *The Three Musketeers*〉와 〈몽테크리스토 백작 *The Count of Monte Cristo*〉의 저자 알렉상드르 뒤마 Alexandre Dumas는 1802년 7월 24일에 태어났다. 흑백 혼혈인 아버지는 모험가이자 군인이었는데, 공화정을 완강하게 주장했기 때문에 나폴레옹의 총애를 받지 못했다. 따라서 뒤마가 네 살이던 1806년에 아버지가 세상을 떠나자, 가족은 상당히 궁핍한 생활을 할 수밖에 없었고, 뒤마는 정식 교육이라곤 신부에게서 배운 것 이외에는 별로 없었다. 독학으로 공부해서 변호사 사무실에서 일하게 된 뒤마는 나이가 들자 스웨덴에서 망명한 귀족의 아들과 친구가 되어 희가극에 손을 대기도 했다. 그러다 파리로 가서 오르레앙 공의 서기로 취직하게 되면서부터 운이 트이기 시작했다. 오르레앙 공은 나중에 왕이 되었으며, 뒤마는 장차 왕이 될 사람 밑에서 일했던 당시의 사건들을 〈회고록 *Memoir*〉에 남겼다.

뒤마는 친구 루벤과 함께 멜로드라마를 몇 편 제작하기도 했으며, 22세에는 이런 류의 멜로드라마를 연출했고, 주인공으로 출연하기도 했다. 이 시기에 마리 라베이라는 여인과의 사이에 사생아를 낳았고, 아이가 일곱 살이 되자 법정 투쟁으로 양육권을 얻었다.

뒤마는 루벤과 함께 6년 동안 희곡을 공동 집필했고, 이

연극들을 무대에 올려 엄청난 인기를 끌었다. 1829년에는 〈앙리 3세와 그의 궁정〉을 제작해 대성공을 거두었다. 오르레앙 공은 이 연극을 너무 좋아한 나머지 뒤마를 궁정 사서로 임명했다.

1830년에 혁명이 일어나자 뒤마의 희곡 집필은 중단되었는데, 당시의 사건들은 〈회고록〉에 담겨 있다.

뒤마는 1837년부터는 오거스트 마케와 공동 집필을 시작했고, 이때부터 프랑스의 역사를 재구성하는 역사 소설을 펴냈다. 예를 들어 삼총사는 오스트리아의 앤의 명예를 지키기 위해 힘을 합치게 된다는 식이었다. 〈삼총사〉가 엄청난 인기를 얻자 곧 속편을 쓰기 시작했는데, 이 시기에 공동 집필자들의 도움을 받아 〈몽테크리스토 백작〉을 집필했다.

사실 뒤마는 공동 집필자들의 협력으로 소설을 비롯해 잡문을 너무나 많이 써냈기 때문에, "뒤마의 작품을 모두 읽어본 사람은 아무도 없다. 뒤마도 다 읽어보지는 못했다"는 말이 나올 정도였다. 그러나 공동 집필자들은 대략적인 줄거리만 만들었고, 나머지는 모두 뒤마가 채워 넣었으며, 원고도 직접 썼다.

뒤마의 말년은 사생활과 재정적인 면에서 파탄의 연속이었다. 뒤마는 프랑스 고딕풍과 영국의 르네상스풍이 결합된 아름답고 훌륭한 대저택을 짓고는 수많은 식객을 끌어들였다. 또한 역사극장을 지어 자신의 연극을 상연했는데, 이렇게 들어간 비용 때문에 재정이 바닥났다.

그의 이름으로 출판된 책이 1,200권이나 되었지만, 1851년에 채권자들 때문에 브뤼셀로 피신했다. 그곳에서 미국의 서커스 단원이었던 여자와 스캔들을 일으켰고, 얼마 후 세상을 떠났다. 마치 생을 마감하는 무대를 스스로 만든 것 같았다.

줄거리 〇

등장인물 〇

　　장래가 촉망되는 미남 청년 에드몽 당테스는 돛이 셋 달린 프랑스 선적 파라옹 호를 능숙한 솜씨로 마르세유 항구에 정박시키고 있다. 선장이 항해 도중에 죽자 배를 책임지게 된 에드몽은 앞으로 선장이 되어 약혼녀 메르세데스와 결혼할 꿈에 부풀어 있다. 그러나 네 명의 사악한 무리가 파놓은 함정에 빠져 이프 성의 감옥에 갇혀 평생 썩게 될 운명에 처한다. 이 감옥은 한 번 갇히면 살아서는 돌아올 수 없다는 악명 높은 곳이다. 이 네 명의 면면은 다음과 같다.

1. 메르세데스가 당테스를 사랑하자 질투하는 페르낭 몬데고.
2. 자신이 노리던 선장 자리를 당테스에게 빼앗길 위기에 놓인 파라옹 호의 사무장 당글라르.
3. 탐욕스러운 이웃 카데루스.
4. 나폴레옹이 자기 아버지 앞으로 보내는 편지를 당테스가 갖고 있다는 것을 알게 된 검사 빌포르. 아들 빌포르의 영향력이 없었다면 나폴레옹 추종자인 아버지는 왕당파에 의해 벌써 감옥에 갇혔을 것이다. 그러나 이 편지가 세상에 밝혀지면, 출세에 막대한 지장을 초래할 것을 두려워한 빌포르는 편지와 함께 당테스도 영원히 세상에서 사라지게 만든다.

당테스는 오랫동안 좁은 독방에서 겨우 목숨을 연명하며, 거의 미칠 지경이 되어 살고 싶은 의욕마저 없다. 그러던 어느 날 어떤 죄수가 땅굴을 파는 소리를 듣고는 당테스도 파 들어 가다가 파리아 신부와 대면하게 된다. 이 노인은 어느 부유한 가문이 막대한 보물을 숨겨놓은 장소를 알고 있다.

신부는 당테스에게 역사, 문학, 과학, 외국어를 가르치는 한편, 땅굴을 계속 판다. 건강이 나쁘던 신부가 죽게 되자, 당테스는 노인의 시체를 숨기고 자신이 시체 자루에 들어간다. 간수들이 와서 자루를 바다에 던진다.

자루를 찢고 나온 당테스는 밀수선 선원들에게 구조된다. 이 밀수선에서 일하던 당테스는 마침내 보물이 묻혀 있는 섬을 찾아낸다. 그곳에서 어마어마한 보물을 발견한 그는 정신이 아찔해지고, 엄청난 재산을 소유한 미남 몽테크리스토 백작으로 다시 세상에 나타난다.

몽테크리스토에게는 두 가지 목표가 있다. 하나는 자신과 아버지에게 잘 해준 사람들에게 보상을 하는 것이고, 또 하나는 자신을 감옥에 처넣은 자들을 벌하는 것이다. 몽테크리스토 백작은 그들이 서서히 가혹한 고통을 맛보도록 치밀한 계획을 짠다. 14년이나 지하동굴 감방에서 목숨을 부지하게 한 대가로 오랫동안 참혹한 형벌을 받아야 하는 것이다.

당테스는 파리 사교계의 명사들에게 신분을 노출시키지 않고 접근하는 데 성공한다. 원수들은 모두 부유하고 유력한 지위를 차지하고 있다.

페르낭은 메르세데스와 결혼했고, 지금은 모르세프 백작으로 행세하고 있다. 몽테크리스토는 언론에 모르세프가 반역자라는 증거를 흘려 사회적으로 매장시키고, 가족들이 그의 곁을 떠나게 만든다. 페르낭은 상심한 나머지 권총으로 자살한다. 이 세상의 그 무엇보다 돈을 좋아하는 당글라르는 돈으로 파멸시킨다. 욕심이 끝없는 카데루스는 몽테크리스토가 놓은 덫에 쉽게 걸려든다. 백작은 카데루스가 동료의 손에 살해되는 것을 지켜본다.

백작은 빌포르에게 현재의 당글라르 부인과 오래 전에 불장난한 사실을 알고 있다고 서서히 밝히고, 사생아에 대해서도 살짝 귀띔을 한다. 빌포르는 이 아이를 생매장했다고 알고 있지만, 사실은 살아서 당글라르의 딸과 약혼한 상태다. 한편 빌포르의 아내는 남편보다 더 사악하다. 빌포르의 첫번째 부인의 부모를 독살하고, 의붓딸 발렌틴도 죽게 했다고 착각해 자기 아들이 재산을 모두 상속받게 되었다고 믿는다. 그러나 빌포르가 죄상을 밝혀내고는 경찰에 넘기겠다고 으름장을 놓자 아내는 아들과 함께 독약으로 자살한다.

이 시점에 이르러 당테스는 자신의 복수가 너무나 완벽하게 진행되는 것에 약간 두려움을 느낀다. 하지만 서로 사랑하는 두 젊은이를 몽테크리스토 섬에서 결합시킬 수 있게 되자 기뻐하며, 멀리 떠난다.

등장인물

에드몽 당테스 *Edmond Dantès* 일명 몽테크리스토 백작. 뱃사람 신드바드, 부소니 신부, 윌모어 경이라는 가명도 사용. 소설의 주인공으로 용감하며 낭만적인 인물. 19세에 모략에 빠져 이프 성의 지하 감옥에 갇혀 상상할 수 없는 엄청난 고난의 세월을 보낸다. 그러던 어느 날 다른 죄수가 터널을 뚫는 소리를 듣고는 자신도 땅을 파기 시작한다. 결국 두 사람은 만나게 되는데, 굴을 판 사람은 학식이 높은 신부다. 당테스는 14년간 온갖 고생을 한 후에 엄청난 용기와 기지를 발휘해 탈옥하고, 몽테크리스토 섬에 묻힌 보물을 발견한다. 그리고 그 섬을 사들여 몽테크리스토 백작이 되어, 신이 보낸 복수의 천사로 변신한다. 먼저, 자신이 알고 있는 선량한 사람들에게 자선을 베풀고, 자신을 감옥에 가둔 사악한 무리에게는 신의 응징을 가한다. 이 소설의 태반은, 주인공이 14년간 감옥에서 썩는 사이 엄청난 권력과 부를 쌓은 원수들에게 복수의 칼을 겨누는 독특한 방법에 할애하고 있다.

아버지 당테스 *Monsieur Dantès* 주인공 당테스가 복수를 기도하는 이유 중에는 이들이 그가 사랑하는 아버지를 굶어 죽게 만들었다는 데 있다. 마찬가지로 아버지가 절망에 빠졌을 때 도와준 모렐 씨 같은 사람은 몽테크리스토에게 커다란 도움을 받는다.

모렐 씨 *Monsieur Morrel* 선박 제조업자이자 선박 소유주. 선행을 베풀며, 가족을 보살피는 것에만 관심이 있는 선량한 사람. 배가 돌아오는 도중 선장이 죽자, 19세인 에드몽 당테스가 파라옹 호를 책임지고 무사

귀환한 것을 보고 감명 받아 당테스를 선장으로 임명하려고 한다. 이로 인해 당테스는 다른 사람들의 질시를 받게 된다. 당테스가 감옥에 갇히자 자신의 명성과 사업이 위험에 처하게 되는 것도 아랑곳하지 않고, 줄곧 석방을 탄원한다. 나중에 당테스의 아버지가 죽었다는 소식을 듣고는 제대로 장례식을 치르도록 주선하기도 한다. 이러한 사실을 알게 된 몽테크리스토 백작은 모렐 씨의 생명을 구해 주고 재산도 모두 되찾아준다.

쥘리 모렐 에르보 *Julie Morrel Herbault* 모렐 씨의 딸. '뱃사람 신드바드'로 변신한 몽테크리스토를 만난다. 신드바드의 심부름으로 아버지의 사업을 회생시킬 수 있는 돈을 가져온다.

맥시밀리엥 모렐 *Maximilien Morrel* 모렐 씨의 아들로, 나중에 몽테크리스토 백작의 절친한 친구가 된다. 고결하고 충성스러운 심성의 소유자. 백작의 정신적인 아들이 되고, 막대한 재산을 물려받는다.

클로클레 *Cloclès* 모렐 씨의 회사에 오랫동안 근무한 직원. 회사의 재정이 악화되어도 변치 않고 충성한다.

파리아 신부 *Abbé Faria* 이프 성에 수감된 정치범. 현명하며, 학식이 높고, 온화한 성품을 가졌다. 거의 아무것도 없는 상태에서 땅굴 파는 도구를 만들어낼 정도로 재능도 풍부하다. 이탈리아 귀족인 스파다 가문의 역사를 집필했다. 몇 세기 전에 엄청난 부를 축적한 이 가문은 독살당하기 전에 재산을 숨겨놓았다. 그는 그 보물이 숨겨진 장소를 찾아내는 암호를 해독하는 데 성공하고는 당테스에게 알려준다. 당테스의 정신적인 아버지가 되어 외국어, 과학, 수학 등 세속적인 학문뿐만 아니라, 영적인 것도 가르친다. 그가 이프 성에서 죽자 당테스는 이 기회를 틈타 감옥에서 탈출한다.

세자르 스파다 *Cesare Spada* 14세기의 이탈리아 귀족. 엄청난 부를 쌓아, '스파다 같은 부자'란 말이 생겼을 정도. 따라서 적이 많았고 결국 독살 당했는데, 죽기 전에 몽테크리스토 섬에 막대한 보물을 숨겨놓았다. 몇 세기 뒤에 이 가문의 후손인 스파다 추기경이 가문에서 사용하던 기도서를 가지고 있었다. 파리아 신부가 그의 비서로 일하면서 스파다 가문의 역사를 집필하다가 기도서에 들어 있던 서류에 암호로 된 보물의 위치를 해독하는 데 성공한다. 이 보물은 나중에 몽테크리스토 백작의 재산이 된다.

헤이데 *Haydeé* 페르낭(모르세프 남작)이 노예로 팔아버린, 알리 파샤의 딸. 나중에 몽테크리스토 백작의 '재산'이 된다. 모르세프의 재판 때 증언을 해서 유죄 판결을 받게 한다. 몽테크리스토 백작의 사랑을 받아 소설 마지막 부분에 두 사람은 하얀 돛단배를 타고 '지중해와 하늘이 맞닿는 검푸른 수평선으로' 사라진다.

베르투치오 *Bertuccio* 빌포르에게 자기 형을 죽인 자를 처벌해 달라고 탄원하지만, 코르시카 출신을 경멸하는 그에게 무시당한다. 그러자 빌포르에게 보복을 맹세하고, 나중에 생메랑 성에 있는 빌포르를 찾아내 죽이려고 한다. 이때 빌포르는 당글라르 남작 부인과의 사이에서 태어난 아이를 생매장시키려는 중이었다. 빌포르를 칼로 찌르고 상자에 보물이 든 줄 알고 가지고 달아나지만, 그 속에는 아이가 들어 있다. 그의 형수가 아이를 베네데토라고 이름지어 맡아 기른다. 나중에 그 아이는 안드레아 카발칸티라는 이름으로 등장한다. 베르투치오는 밀수 조직에 관련되어 있었고, 이 조직은 카데루스의 여관을 아지트로 이용하고 있었다. 어느 날 그 여관에 숨어 있던 그는 부소니 신부로 변장한 몽테크리스토 백작이 카데루스에게 다이아몬드를 주었다는 이야기를 우연히 듣는다. 카데루스는 이 다이아몬드를 보석상에 팔고는, 그 보석상과 자기 아내를 죽인다. 베르투치오는 이 살인사건의 범인으로 체포되자, 판사에게 부소니 신부가 자기 결백을 증명할 테니 그를 찾아달라고 탄원한다. 부소니 신부가 감옥으로 베르투치오를 찾아갔다가 빌포르를 죽이려고 했던 이야기를 포함해 자세한 사실을 모두 알게 된다. 신부는 베르투치오를 석방시켜주고는 몽테크리스토 백작 밑에서 일하라고 말해 준다. 백작은 베르투치오를 생메랑 성에 데려가서 당시에 일어났던 사건에 대해 듣는다. 이 이야기가 처음에 감옥에서 들은 것과 똑같다는 것을 알게 된 백작은 베르투치오를 신임하게 된다.

루이기 밤파 *Luigi Vampa* 로마 근교 지하묘지의 소굴을 근거지로 활동하는 범죄조직의 두목. 양치기 시절에 몽테크리스토와 처음 만나 선물을 교환하며 평생 친구가 되기로 약속했다. 그러나 나중에는 백작을 잡으려고 하다가 오히려 백작에게 잡힌다. 백작은 그를 로마의 경찰에 넘겨 사형당하게 할 수도 있었지만, 다시 친구가 되어 헤어진다. 이때 백작은 한 가지 조건을 건다. 앞으로 그와 그 일당은 백작과 백작의 친구를 항상 존경해야 된다는 것이다. 그리하여 백작은 알베르 드 모르세프를 쉽게 구출한다. 물론 백작이 애당초 알베르가 납치당하게 손을 썼을 가능성도 있다. 알베르가 백작에게 은혜를 입도록 하기 위해서다. 백작은 알베르를 통해 파리에 있는 원수들에게 접근한다. 이 원수들 중에는 오래 전에 당테스를 감옥에 처넣는 데 일조한 알베르의 아버지도 포함되어 있다. 밤파는 또한 소설의 마지막 부분에서 당글라르를 납치해 자선병원에서 횡령한 돈을 다 쓸 때까지 잡아두어 백작을 돕는다.

파스트리니 씨 *Signor Pastrini* 로마의 호텔 주인으로, 몽테크리스토 백작과 알베르 드 모르세프의 회합을 주선한다. 이 회합을 통해서 백작은 원수들에게 접근해 복수의 칼을 겨눌 수 있게 된다.

페피노 *Peppino* 루이기 밤파의 부하로, 사형당하게 된 것을 몽테크리스토 백작이 구해 준다. 백작이 커다란 에메랄드를 교황에게 바치고 사면을 얻어낸 것이다.

알리 *Ali* 말을 못하는 누비아 흑인으로 백작의 시종. 이 소설에서 거의 아무런 역할을 하지 않지만, 빌포르 부인의 달아나는 말을 밧줄을 던져 잡는다. 이 일로 빌포르 가는 백작에게 빚을 진 셈이 된다.

쟈코포 *Jacopo* 이프 성을 탈출한 당테스가 지나가는 배를 향해 헤엄쳐가다가 기진맥진해 탈진상태가 되고, 그런 그를 바다 속에서 끌어내 배에 태우고 자기 바지와 셔츠를 준다. 후에 당테스가 몽테크리스토 섬에서 부상당한 척할 때도 자기 몫인 밀수품을 포기하고 도와준다. 몽테크리스토 백작에게 충성을 바친 그는 나중에 보상을 받게 되고, 백작의 개인 요트의 선장으로 일하게 된다.

가스파르 카데루스 *Gaspard Caderousse* 에드몽 당테스를 모함해 곤경에 빠뜨렸던 인물 중 하나. 당테스가 감옥에 갇혔을 때도 전혀 도움을 주지 않았다. 나중에 부소니 신부로 위장한 몽테크리스토 백작이 그에게 접근해 당시의 진상과 그의 악행을 듣게 된다. 부소니 신부는 그에게 앞으로 정직한 사람이 되라는 뜻에서 돈을 준다. 그러나 계속 도둑질과 살인을 되풀이하던 어느 날 백작의 집을 털려다가 백작이 정체를 밝히는 찰나 공범의 손에 죽는다.

빌포르 *Monsieur de Villefort* '자신의 야망을 위해서는 무엇이든 희생시킬 수 있는 인물.' 정치적 야망을 달성하는 데 도움이 되면 아버지까지 부정한다. 아버지는 나폴레옹을 추종했기 때문에 현재 정권을 잡고 있는 왕당파와는 숙적인 셈. 엘바 섬에 유배된 나폴레옹이 누와티에르 씨에게 보내는 편지를 당테스가 갖고 있다는 것이 밝혀지자, 당테스를 탈출이 불가능한 이프 성 감옥에 투옥한다. 빌포르는 검사였다. 그리고는 석방을 탄원하는 당테스의 아버지와 모렐 씨의 간청은 들은 척도 않는다. 출세를 위해 아무 죄도 없는 젊은이를 평생 감옥에서 썩게 만드는 악한인 것이다. 따라서 몽테크리스토 백작의 보복 대상 제1호가 된다. 당테스가 14년 동안 감옥에서 신음하는 동안 그는 온갖 수단을 동원해 최고 권력을 지닌 사법기관의 장이 된다. 또 생메랑 후작의 딸과 정략 결혼해서 발렌틴이라는 딸을 둔다. 후에 두 번째 부인과의 사이에는 에두와르란 아들을 두게 된다. 그리고 당글라르 남작 부인이 되는 여자와 바람을 피우는데, 그 여자가 임신을 하게 되자 아내의 가족 저택에다 숨겨놓는다. (나중에 몽테크리스토가 이 저택을 사들인다.) 그는 아이가 태어나자 사산되었다고 말하고는 상자에 담아 생매장하려고 정원으로 가져갔다가 베르투치오의 칼에 찔리고 상자를 강탈당한다. 이 자객의 형수가 상자 안에 있던 아이를 기른다. 나중에 아이는 파리에 있는 몽테크리스토에게 가며, 카발칸티 왕자로 행세하게 된다. 그리고는 아버지의 사악한 죄상을 낱낱이 폭로하는데, 이것이 몽테크리스토 식의 보복이다.

르네 *Renée* 빌포르의 첫째 부인이자 발렌틴의 어머니. 빌포르가 정략적으로 결혼한 여자이며, 소설에는 등장하지 않는다.

발렌틴 드 빌포르 *Valentine de Villefort* 빌포르의 첫 번째 부인에게서 태어난 딸로 순수성을 상징하는 인물. 외조부모인 생메랑 후작 부부의 재산을 상속받는다. 발렌틴, 이복 남동생 에두와르, 알베르 드 모르세프, 위제니 당글라르 등은 모두 부모의 사악한 덫에 걸린 순진한 인물들이다. 사악한 계모는 그녀를 독살하려고 한다. 몽테크리스토 백작은 그 독살 음모를 알고 있지만, 처음에는 빌포르의 자손에게도 신의 저주가 내리도록 방치할 계획이었다. 그러나 맥시밀리엥이 발렌틴을 사랑한다고 밝히자, 백작은 마음을 바꿔 원수의 딸을 살리려는 계획에 착수한다. 그녀는 산 채로 무덤 속에 갇히는 고난을 겪은 끝에 맥시밀리엥의 품에 안긴다.

엘루와즈 *Héloise* 빌포르의 두 번째 부인. 의붓딸 발렌틴이 생메랑 후작의 엄청난 재산과 빌포르의 아버지인 누와티에르의 재산을 대부분 상속받기 때문에 배가 아프다. 이 재산을 차지하려고 후작 부부를 독살하며, 이 과정에서 바루와라는 하인도 죽인다. 그리고 발렌틴의 독살에도 성공했다고 생각한다. 나중에 이 사실을 알게 된 빌포르가 그녀에게 자살하든가 재판을 받으라고 한다. 이 말을 듣고 아홉 살짜리 아들과 함께 자살하며, 빌포르에 대한 백작의 복수는 막을 내린다.

에두와르 드 빌포르 *Edouard de Villefort* 빌포르의 두 번째 아내가 낳은 아들이며, 아홉 살에 죽는다. 아무 죄도 없는 아이가 어른들의 사악한 음모에 휘말려 세상을 떠나는 것이다. 백작은 '아버지의 죄가 아들에게까지 미치는' 것이 과연 옳은지 회의를 품는다. 깊이 후회한 백작은 아이의 시신을 어머니 옆에 묻는다.

누와티에르 씨 *Monsieur Noirtier* 빌포르의 아버지로, 의지가 강하다. 나폴레옹의 열렬한 지지자이기 때문에 왕당파가 득세한 세상에서 출세하려는 아들에게는 눈엣가시 같은 존재. 에드몽 당테스가 자신도 모르게 엘바 섬에 유배된 나폴레옹의 편지를 누와티에르에게 전달하는 임무를 맡았기 때문에, 빌포르는 아버지가 나폴레옹과 연관되어 있다는 사실을 왕당파 사람들이 알아차리지 못하도록 당테스를 감옥에 처넣었던 것이다. 나중에 몸이 마비된 누와티에르는 사랑하는 손녀 발렌틴에게 유산 상속을 둘러싼 음모를 말해 주려고 한다.

당글라르 남작 *Monsieur Danglars* 에드몽 당테스가 젊고 잘생기고 유능하고 솔직하고 쾌활한 청년이라는 점을 시기해 증오한다. 당테스를 14년간이나 감옥에 가둔 익명의 편지를 쓴 인물로, 그의 필체는 당테스의 머릿속에 뚜렷이 각인되어 있다. 몽테크리스토 백작은 후에 당글라르의 필체를 보고 신원을 확인하게 된다. 처음에는 여러 가지 불법적인 수단을 동원해 유력한 은행가 가문의 호감을 사서 그 집안의 과부와 결혼하고는 갖가지 불법적인 금융 조작을 통해 엄청난 부를 쌓는다. 몽테크리스토 백작이 그를 서서히 파산하도록 만들지만 5백만 프랑을 횡령해 이탈리아로 도망간다. 여기서 그는 백작의 오랜 친구인 루이기 밤파에게 붙잡혀 5백만 프랑을 다 쓰고 풀려나, 무일푼 늙은이 신세가 된다.

당글라르 남작 부인 *Baroness Danglars* 7년 넘게 별거하고 있다. 은행 직원인 뤼시엥 드브레라는 애인이 있어, 둘은 주식과 채권을 조작해 엄청난 재산을 축적한다. 당글라르가 파산 지경에 이르자 뤼시엥의 첩이 된다. 이전에는 빌포르와 정을 통해 임신하자, 빌포르 처가의 저택에서 몰래 아기를 낳는다. 죽었다고 생각했던 아들은 백작에 의해 카발칸티 왕자로 거듭난다. 이 아이는 부인의 딸 위제니와 약혼한다.

위제니 당글라르 *Eugénie Danglars* 알베르 드 모르세프와 약혼했다가, 나중는 카발칸티 왕자와 정략적으로 약혼한다. 이 왕자라는 자는 사실 자기 어머니의 사생아다. 정략 결혼의 굴레에서 벗어나 스스로 운명을 개척하는 독립적인 여자로 살고 싶어한다. 약혼자가 사기꾼이며 살인자라는 것이 밝혀지자 친구와 함께 로마로 도망친다.

페르낭 몬데고 *Fernand Mondego* 일명 모르세프 백작. 어부였고 간혹 밀수에 손을 댔는데, 당테스의 약혼녀였던 메르세데스를 좋아했다. 메르세데스는 그를 동생처럼 여겼기 때문에 당테스도 믿고 있었다. 그러나 메르세데스를 차지하려고 당테스를 감옥으로 보낸 편지를 부친다. 전쟁중에 밀수 기술을 이용하고, 배신을 거듭해 백작이 되고 막대한 재산을 손에 넣는다. 지친 메르세데스를 아내로 맞는다. 알리 파샤라는 고위 관리를 배신해 큰 돈을 차지하고 딸을 노예로 파는데, 그 딸은 몽테크리스토 백작의 연인이 된다. 배신으로 점철된 행적이 밝혀지고, 아내와 아들에게서 버림받았다는 것을 알게 되자 권총으로 자살한다.

메르세데스 에레라 *Mercédès Herrera* 후에 모르세프 백작 부인이 된다. 에드몽 당테스만을 사랑했고 당테스의 아버지를 돌보았다. 노인이 세상을 떠나자 어쩔 수 없이 페르낭과 결혼하지만 우울한 나날을 보낸다. 몽테크리스토 백작의 실체를 알아보는 유일한 인물. 남편의 행적을 알게 되자 돈을 전부 자선병원에 기부하고, 당테스의 아버지가 살던 집으로 돌아가 기도하며 여생을 보낸다.

알베르 드 모르세프 *Albert de Morcerf* 로마에 있을 때 우연히 몽테크리스토 백작과 한 호텔에서 지내면서 가까워진다. 어느 날 루이기 밤파에게 납치되었다가 죽기 일보 직전에 몽테크리스토 백작에게 구출된다. 생명의 은인인 백작을 파리의 명사들에게 소개하는데, 그 중에는 자기 아버지이자 백작의 원수인 페르낭도 포함되어 있다.

베네데토 *Benedetto* 일명 안드레아 카발칸티. 당글라르 부인과 빌포르 사이의 사생아로, 악의 화신이다. 자기를 길러준 여인을 구타한 후 돈을 전부 훔쳐 달아난다. 나중에 감옥에 들어가 카데루스와 한 방에서 지낸다. 몽테크리스토 백작이 그를 찾아내 부유한 이탈리아 귀족으로 변신시켜 복수의 도구로 이용한다.

생메랑 후작 부부 *The Marquis and the Marquise de Saint-Méran* 르네의 부모이자 발렌틴의 외조부모. 빌포르의 두 번째 부인에게 독살된다.

보비유 씨 *Monsieur de Boville* 형무소 국장. 모렐 씨의 선박회사에 투자한 어음과 당테스를 감옥에 보낸 빌포르의 편지를 갖고 있다. 당글라르를 파멸시키는 거래에도 관여한다.

다브리니 의사 *Doctor d'Avrigny* 빌포르의 주치의로, 생메랑 후작 부부가 독살되었다고 확신한다. 바루와도 같은 독약에 희생되자 경찰에 수사를 의뢰하겠다고 하지만, 빌포르에게 설득당해 입을 다문다. 발렌틴도 죽었다고 생각하고 맥시밀리엥과 함께 살인자의 처벌을 강력하게 요구한다.

뤼시엥 드브레 *Lucien Debray* 당글라르 밑에서 일하는 젊은이. 당글라르 부인과 눈이 맞아 재산을 빼돌린다.

프란츠 데피네이 *Franz d'Epinay* 알베르 드 모르세프의 친구로, 함께 로마
에 간다. 알베르가 납치되자 범죄 조직과 몽테크리스토 백작 사이를
오가며 중재자 역할을 한다.

Chapter 별
정리
노트

Chapters 1-6

돌아올 수 없는 저주의 섬으로

1815년 2월. 프랑스의 마르세유 항구. 이탈리아에서 출발한 돛이 셋 달린 파라옹 호가 항구로 들어오고 있다. 배가 입항하면 항상 많은 사람들이 모이지만, 이 배의 경우에는 특히 많다. 마르세유의 갑부 모렐 씨가 선주이기 때문이다. 수로 안내인이 완벽하게 인도하고 있지만 항구로 다가오는 배에서는 이상하게도 조용하고 숙연한 분위기가 느껴진다. 갑자기 한 남자가 거룻배를 타고 파라옹 호로 다가가는 것이 보인다. 그는 파라옹에 타고 있는 얼굴이 검고 키가 후리후리한 에드몽 당테스란 청년을 소리쳐 부른다. 이 사람은 파라옹의 선주 모렐 씨다. 왜 선원들이 침울한지 묻자, 선장이 뇌막염으로 사망했지만 화물은 안전하다는 대답을 듣는다. 그런 후에 젊은이는 상부 돛을 내리라고 명령하고는 모렐 씨를 배에 오르게 한다. 사무장 당글라르가 앞으로 나서서 항해에 관한 자세한 사항을 보고한다.

25세로 상당히 음침하지만 말솜씨가 좋은 당글라르는 평생을 바다에서 보낸 선장이 죽어서 안타깝다고 말한다. 모렐 씨는 바다에서 오래 지냈다고 해서 반드시 훌륭한 선원이 될 자질을 갖추게 되는 것은 아니라고 말하며, 당테스는 젊지만 항해술이 뛰어나고 항해를 즐긴다고 언급한다. 당글라르의 얼굴이 어두워진다. 그는 당테스가 권한도 없으면서 배를 지휘했다고 말하고는, 곧장 마르세유로 오지 않고 엘바 섬에서 하루를 꾸물

거렸다고 고자질한다. 모렐은 당테스를 불러 사실이냐고 묻는다. 당테스는, 마르샬 베르트랑이란 사람에게 꾸러미를 전달하라는 르클레르 선장의 명령을 수행했을 뿐이라고 말한다.

모렐이 당테스에게 귀엣말로 나폴레옹의 건강 상태를 묻자, 나폴레옹이 배와 화물에 관해 물었으며, 배가 모렐의 소유라는 것을 알자 기뻐했다고 말한다. 모렐은 흡족해 하고, 엘바 섬에서 머문 것을 칭찬하면서 그 꾸러미에 관해서는 아무에게도 말하지 말라고 주의를 준다. 당테스가 세관원과 인사를 하러 자리를 뜨자, 당글라르가 당테스를 헐뜯으며 죽은 선장이 당테스에게 꾸러미와 함께 준 편지에 관해 묻는다. 모렐은 어떻게 그 꾸러미에 대해 알게 되었느냐고 다그쳐 묻는다. 당글라르는 해명해 보려 하지만, 엿들은 것이 분명하다. 당글라르는 허겁지겁 급히 가봐야 할 데가 있다고 하면서, 말을 잘못 꺼냈다고 둘러댄다.

모렐이 당테스를 저녁식사에 초대하지만 아버지가 기다리고 있기 때문에 받아들일 수 없다. 약혼녀 메르세데스도 그를 기다리고 있다. 모렐이 당테스에게 르클레르의 편지에 관해 묻자 당혹스러워하며, 르클레르는 '글을 쓸 줄 몰랐다'고 말한다.

당테스는 2주일 휴가를 달라고 말한다. 결혼식을 올리고 파리에 다녀와야겠다는 것이다. 모렐은 승낙하고, 돌아오면 파라옹의 후임 선장이 될 수도 있다고 덧붙인다. 당테스를 선장에 임명하도록 동업자를 설득할 수 있다면 그렇게 하겠다는 것이다. 그리고는 파라옹의 사무장 당글라르의 성품에 대해 묻는다. 자신의 친구가 될 수는 없는 사람이지만 사무장일은 잘하므로 모렐이 만족스럽게 생각한다면, 자신도 그를 존중하겠다고 말한다.

당테스가 갑자기 집에 들어서자 아버지는 새파랗게 질린다. 하지만 당테스는 날아갈 듯이 기쁘다. 열아홉 살에 봉급을 많이 받을 뿐만 아니라 이익 분배도 받는 선장이 되고, 곧 사랑하는 여인과 결혼도 하기 때문이다. 그는 몹시 쇠약해진 아버지가 돈이 거의 바닥났다는 것을 알게 된다. 항해를 떠나기 전에 당테스가 이웃인 카데루스에게 빚을 졌는데, 당테스가 떠나자 아버지에게 빚을 갚으라고 강요했던 것이다. 그 액수는 당테스가 아버지에게 주고 간 돈과 거의 같았다.

카데루스가 집으로 들어온다. 당테스의 새 직책에 관해 알고 싶은 데다, 당테스가 순진하게 모렐의 초대를 거절한 것을 놀리려고 온 것이다. 그러나 당테스는 카데루스의 질책을 흘려듣고는 약혼녀를 만나러 바삐 나가면서 자기 가족이 그에게 빚을 진 적이 있다는 생각에 얼굴이 찡그려진다. 밖으로 나온 카데루스는 당글라르와 만나고, 술집에서 포도주를 마시며 당테스의 미래를 점친다.

멀지 않은 마르세유 교외에 스페인 사람들이 서로 긴밀하게 도우며 살아가는 카탈랑이란 마을이 있다. 마을 젊은이 페르낭이 메르세데스에게 결혼하자고 설득하고 있는 중이다. 메르세데스가 당테스를 사랑하고 있다고 밝히지만, 그는 뜻을 굽히지 않는다. 당테스가 나타나자 메르세데스는 그의 품에 안긴다. 그 자리를 떠난 페르낭은 당글라르와 카데루스를 만나게 된다. 두 사람은 페르낭에게 술을 권해 취하게 만들고는 복수하라고 부추긴다. 메르세데스와 함께 그 술집을 지나치던 당테스는 세 사람을 모두 결혼식에 초대하게 되자 기뻐한다. 결혼식이 끝나면 엘바 섬에서 받은 편지를 전달해야 되기 때문에 파리로 가야 한다고 당테스는 밝힌다. 이 말을 들은 당글라르는 기뻐하고, 전도유망한 당테스의 행복을 짓밟는 음모가 싹트기 시작한다.

다음날, 당테스의 공식적인 선장 취임행사가 술집에서 성대하게 열린다. 그러나 문을 두드리는 소리가 천둥소리처럼 크게 울리자 모두 조용

해진다. 하사가 지휘하는 무장 병사 네 명이 들어오고, 당테스는 아무런 이유도 없이 체포된다.

한편, 마르세유의 한 저택에서도 약혼식이 열리고, 나폴레옹의 적들 여러 명이 축하하고 있다. 이 장면의 중심은 빌포르 씨다. 그는 나폴레옹이 단순한 인간이 아니라 평등의 화신이라고 말한다. 그러자 왕당파 사람들이 꾸짖는다. 빌포르는 벌컥 화를 내면서 자기 아버지는 나폴레옹의 추종사일지 몰라도 자신은 아니라고 말한다.

바로 그때 하인이 들어와 나폴레옹 추종자들의 음모가 발각되었다고 귓속말로 전한다. 에드몽 당테스가 나폴레옹과 파리에 있는 그 일당의 연락을 책임진 반역 혐의를 받고 있다는 것이다.

빌포르는 당테스를 심문하러 경찰서로 갔다가 모렐을 만난다. 모렐은 당테스의 무죄를 탄원하지만 불필요한 행동이다. 당테스를 심문한 빌포르는 그가 아무 거리낌 없고, 솔직하고, 무고하다는 것을 알기 때문이다. 빌포르는 당테스에게 쪽지를 보여주며 그를 시기하는 위험한 적들이 있다고 말해 주자, 당테스는 누와티에르란 사람에게 전하라는 편지를 가지고 있다고 밝힌다. 그 말을 듣고 빌포르의 얼굴이 창백해진다. 누와티에르라면 바로 자신의 아버지가 아닌가! 빌포르는 그 편지의 내용을 아는 사람이 아무도 없다는 것을 확인하고는 당테스를 풀어주는 척한다. 그 누구도 아버지의 반역 음모를 자신과 연관 짓지 않기를 간절히 바라면서.

당테스는 경찰서에서 나가지만 자유의 몸이 된 것이 아니라 감옥에 갇히게 된다. 항의에도 아랑곳없이 당테스는 끌려가 거룻배에 태워져 이프 성으로 향한다. 이 섬은 탈옥이 불가능하고 죄수를 잔인하게 다루기로 악명 높은 곳이다. 당테스는 '미친놈들을 함께 처넣는' 지하 감옥에 갇힌다.

이 소설은 흥미진진한 이야기를 간단명료한 필체로 박진감 넘치게 전개하기 때문에 독자들을 몰입시킨다. 문학 용어로 말하자면, '잘 만들어진 낭만적인 모험 이야기'라고 할 수 있다. 처음부터 뒤마는 행동이 예측 가능한 주인공들이 특정 행동으로 돌입하는 상황을 만들기 때문에 독자들은 이들을 동정하거나 혐오스러워하며 이야기에 빠져든다. 첫 장면에 등장하는 당글라르는 순전히 질투심 때문에 당테스를 곤경에 빠뜨리는 인물로 설정되어 있다. 그는 선주 모렐에게 잘 보이려고 당테스를 모함한다. 그의 비굴한 성품과는 정반대로 당테스는 모든 것을 솔직하게 터놓아 당글라르를 제외한 모든 사람의 신망을 얻는다. 모렐이 당테스를 전적으로 신임하는 것도 이런 성품이 마음에 들기 때문이다. 나중에 밝혀지지만 모렐은 사업이 위태로워지는 것도 아랑곳하지 않고 감옥에 갇힌 당테스를 석방시키려고 온갖 노력을 기울인다.

독자들은 처음부터 당테스에게 끌리고, 당글라르를 비롯한 악한 무리들을 혐오하게 된다. 그들 중 하나인 카데루스는 당테스가 항해에 나서자 빚을 빌미로 그의 아버지를 거의 굶겨 죽이려고 한 인물이다. 따라서 처음부터 선량한 사람들과 악의 세력들이 대비된다. 이런 와중에 메르세데스의 친구 페르낭도 당테스를 함정에 빠뜨리는 음모에 가담해 모함하는 편지를 부치게 된다. 결국 1장부터 6장 사이에 독자들은 당글라르, 카데루스, 페르낭, 빌포르 등 당테스의 원수 네 명을 모두 만나고, 고결한 성품과 탁월한 능력을 가진 주인공은 자신과는 전혀 무관한 정치적인 음모에 휘말려든다. '야망을 위해서라면 아버지까지 희생시킬 수 있는' 빌포르의 덫에 걸리는 것이다. 빌포르는 정치적 야망을 이루기 위해 사랑하지 않는 여인과 결혼하며, 당테스가 반역 음모를 꾸미는 무리의 일원이라고 왕에게 거짓말을 한다. 이로 인해 당테스는 악명 높은 이프 성에 갇히는 신세가 된다.

물론 독자는 당테스를 모함하는 편지를 누가 썼는지 모르지만 당글라르가 범인일 것으로 추측하게 된다. 누와티에르 씨에게 전달할 편지가 있다는 것을 알고 있는 사람은 당글라르뿐이기 때문이다. 만일 그 편지가 빌포르의 아버지에게 보내는 것이 아니었더라면 빌포르가 당테스를 그렇게 가혹하게 다루지는 않았을 것이다. 빌포르는 자칫하면 '영원한 파멸'에 직면하게 되리란 것을 잘 알고 있다. 따라서 당테스를 영원히 제거해야 한다. 당테스는 6장의 마지막 부분에서 탈출할 희망도 없고, 외부 세계의 그 어느 누구와도 접촉할 수 없는 나락으로 떨어진다. 너무나 충격이 커서 일종의 정신분열증세를 보인 그는 간수와 말다툼을 벌여 지하 감방에 갇힌다. 결국 고결한 성품의 주인공은 6장이 끝날 무렵에는 절망에 빠진 죄수로 전락한다.

Chapters 7-12

극적으로 탈출하는 당테스

파리의 튈르리 궁전, 왕 루이 18세는 자신의 서재에서 프랑스 남부에서 '말썽'을 일으키는 나폴레옹의 추종자들에 관해 농담을 늘어놓고 있다. 때마침 빌포르가 '엄청나게 중요한' 반역 음모에 대한 소식을 갖고 온다. 나폴레옹이 배 세 척에 병력을 싣고 엘바 섬을 떠나 프랑스로 향하고 있다는 것이다.

빌포르는 교묘하게 이름은 밝히지 않은 채, 어떤 사내(당테스)가 파리에 있는 나폴레옹 추종자(사실은 자기 아버지)에게 서신을 전달하려는 것을 알고 즉시 체포하도록 명령했고, 그에게서 음모에 관한 정보를 입수했다고 말한다.

바로 그때 도착한 경찰 장관이 이틀 전에 나폴레옹이 앙티브 근처에 상륙했으며, 현재 파리를 향해 진군하고 있다는 소식을 전한다. 루이 왕은 화가 치밀어 말도 제대로 못할 지경이지만, 목에 걸고 있던 레종 드뇌르 훈장을 벗어 애국심에 대한 보상으로 빌포르에게 수여한다. 나중에 경찰 장관은 부러워하며, 빌포르에게 '시작이 엄청나게 좋았고, 출세가 보장되었다'고 말한다.

나폴레옹은 프랑스로 귀환해 루이 왕을 축출하고 통치 — 후에 나폴레옹의 백일천하로 불림 — 를 시작한다. 빌포르는 아버지의 영향력 덕분

에 자리를 그대로 보전한다. 나폴레옹이 워털루[*] 전투에서 패하자, 루이 왕이 다시 왕좌에 앉는다. 빌포르는 이번에는 자력으로 정치적인 입지를

---

*__워털루__: 벨기에 중부 지역의 마을로, 나폴레옹이 영국의 웰링턴 장군이 이끄는 연합군에게 패한 곳.

확보하며, 출세에 도움이 될 집안의 여인과 결혼하기로 결심한다.

한편, 죄수인 당테스는 나폴레옹의 재집권이나 참패, 루이 왕의 파리 재입성 소식은 전혀 모르고 있다. 메르세데스는 너무나 절망했고, 신앙심이 강하지 않았더라면 자살했을 것이다. 당테스도 다시는 자유를 찾을 수 없다는 절망감 때문에 굶어 죽기로 작정한다.

굶주림과 병으로 몸이 마비된 당테스는 감방 밖―땅 속이나 감옥 건물의 기초 부분―에서 동물이 긁는 것 같은 소리를 듣게 된다. 알고 보니 그것은 쥐가 아니라, 그 유명한 '미친 파리아 신부'다. 사람들은 그가 엄청난 보물이 숨겨진 장소를 알고 있다고 생각한다. 신부는 12년간 복역했는데, 땅굴을 파면 자유를 찾을 것으로 믿고 있다.

신부와 당테스는 절친한 친구 사이가 된다. 신부가 당테스에게, 외국어, 역사, 과학 등을 가르치고, 이 두 사람은 탈옥용 땅굴을 파는 치밀한 계획수립에 돌입한다. 그리고 몇 년 후에는 은밀하고 조심스럽게 감옥 건물의 기반 아래를 뚫는 땅굴을 파기 시작하고, 마침내 탈출 준비가 거의 갖춰진 듯한 단계에 이르지만, 신부는 더 이상 작업을 할 수 없게 된다. 몸이 마비되는 발작으로 쓰러졌기 때문이다. 신부는 당테스만이라도 계속하라고 당부하지만, 당테스는 말을 듣지 않는다. 친구를 저버릴 수 없었던 것이다. 의리에 깊이 감명 받은 신부는 몸이 회복되자 당테스에게 숨겨진 보불 이야기를 해수면서 그것이 실제로 존재한다고 역설한다. 14세기의 유명한 스파다 가문의 소유물로 몽테크리스토란 작은 섬의 동굴 안에 있으며, 생존한 후손이 없기 때문에 찾는 사람이 임자란 것이다.

당테스는 신부에게 탈출 준비를 계속하자고 재촉하고 쇠약해진 신부는 다시 일을 시작한다. 하지만 이번에는 매우 심한 발작을 일으킨 후 의식을 잃고 쓰러진다. 당테스는 이전처럼 신부가 만든 약을 먹여 소생시키려고 하지만, 아무 소용이 없다.

겁에 질린 당테스는 허둥지둥 비밀 통로를 통해 자신의 감방으로 되돌아와, 신부의 감방으로 가는 것이 안전하다고 느껴질 때까지 기다리기로 한다. 그가 감방 벽에 있는 돌 하나를 조심스럽게 빼내자 자루에 담긴 신부의 시체가 보인다. 당테스의 계획은 완전히 수포로 돌아가고, 탈출은 생각할 수도 없게 되었다. 두 사람은 혈육처럼 지내며, 자유를 되찾으려고 오랫동안 함께 힘겨운 노력을 했지만 이제는 혼자다. 그러나 당테스는 실낱 같은 희망을 놓지 않는다. 물에 빠진 사람이 지푸라기라도 잡는 심정으로 신부의 시체를 비밀 통로를 통해 자기 방으로 옮기고는 침대에 벽을 마주보게 하고 눕힌다. 이어 비밀 통로로 들어가는 구멍의 돌을 제자리에 맞춰놓고 재빨리 신부의 감방으로 가서 신부의 시체 자루 안에 들어간 채 입구를 꿰맨다. 그러자마자 간수들이 들어와 신부의 시체인 줄 알고 들어올린다. 간수 중 한 명이 이상하게 무겁다고 말하는 순간 당테스는 두려움에 휩싸이지만, 감옥 밖으로 운반되는 동안 더 이상 그런 말은 나오지 않는다. 당테스의 귀에 파도가 이프 성의 암벽에 부딪혀 부서지는 소리가 들린다.

"날씨도 참 고약하구만." 간수 한 명이 이렇게 말하자, 둘 다 웃는다. 무거운 물체가 땅바닥에 떨어지는 소리가 들리고, 갑자기 발목에 무거운 밧줄이 묶이면서 심한 통증이 느껴진다. 그리고 웃음소리가 좀더 들리고는, 사납고 얼음같이 차가운 바다로 내던져진다. 바다의 심연은 이 끔찍한 감옥의 '공동묘지'라는 것을 당테스는 깨닫는다.

　　이 부분에서는 빌포르의 탐욕과 야망, 이프 성의 지하 감방에서 당테스가 겪는 고초에 대한 이야기가 전개된다. 당테스의 고초가 빌포르의 야망 때문이라는 것은 이미 명백하게 밝혀졌다. 빌포르는 출세를 위해서라면 '아버지도 희생의 제물로 바칠' 인물이고, 생메랑 후작 딸과의 결혼도 연기한다. 만약 나폴레옹이 재집권하면, 그의 열혈 추종자로 영향력이 막강한 아버지가 아는 사람의 딸과 결혼하고, 나폴레옹이 다시 축출되면 왕당파인 생메랑 후작의 딸과 결혼할 속셈이다.

　　당테스는 감옥에 갇히자 인간이라면 누구나 겪게 되는 갖가지 감정 변화의 소용돌이에 휩싸인다. 처음에는 자존심과 희망을 잃지 않고 의연하게 감옥 생활을 시작한다. 아무런 죄가 없다는 것을 잘 알기 때문이다. 그러나 자존심과 희망은 의구심으로 바뀌고, 다음에는 미친 듯이 기도하며 신에게 매달린다. 이어 열정은 사라지고 절망감은 분노로 바뀌어 마침내 굶어 죽을 생각을 하기에 이른다.

　　걸작은 보편성을 띠고 있음을 의미할 때가 많다. 이 소설에서도 뒤마는 덫에 걸린 생명체를 아주 생생하게 창조해내고 있다. 이런 생명체는 너무나 필사적으로 도망치려고 하기 때문에 독자들은 당테스의 절망감과 필사적인 탈출 의지에 감정을 이입하게 된다. 줄에 매인 개든, 사슬에 묶여 노역에 혹

사냥하는 죄수든, 덫에 걸린 자를 동정하는 것은 인간의 본성이다.

6년 동안 독방에 갇혀 있던 당테스는 드디어 누군가가 탈출하려고 끊임없이 땅을 긁어대는 소리를 듣게 된다. 탈출에 대한 가냘픈 희망이 그의 꺼져가는 생명에 다시 불을 붙이는 순간이다. 이렇게 무고한 죄수가 탈출하려고 필사의 노력을 기울이는 장면은 이후에 수많은 소설과 영화에서 되풀이되었다. 6년간 인간 세계와 고립되었던 사람이 다시 세상과 접촉한다는 설정은 당시에는 너무나 놀라운 상상력이었다.

8년간 당시의 최고 지성에 속하는 파리아 신부와 지낸 것은 당테스의 인생에서 가장 중요한 사건이다. 천재적인 기억력, 수리력, 시적인 감성을 지닌 당테스가 이런 신부와 절친한 친구로 지내게 되었으니 사자가 날개를 단 격이다. 1년이 채 지나기도 전에 이미 알고 있던 프랑스어, 그리스어, 이탈리아어 외에 스페인어, 영어, 독일어를 마스터했고, 역사, 과학 및 인간의 심리를 알게 되는데, 모두가 앞으로 엄청나게 그 가치를 발휘한다. 예를 들면, 신부는 간단히 몇 마디 물어보고는 당테스를 배신한 사람들이 당글라르, 카데루스, 페르낭이라는 것을 알아채며, 빌포르와 누와티에르의 관계를 꿰뚫어보고는 빌포르가 당테스를 감옥에 처넣은 이유를 말한다. 이를 통해 그는 신부의 분석적·심리적 지성을 인지하게 된다.

신부가 발작을 일으키지 않았더라면 두 사람의 탈출은

성공했을 것이다. 신부는 신비한 물약을 먹고 생명을 건지지만 너무 쇠약해져, 당테스에게 혼자 탈출하라고 권한다. 그러나 당테스는 절친한 친구이자 아버지 같은 신부를 내버려두고 혼자 갈 수는 없다고 거절한다. 당테스의 훌륭한 품성에 감동한 신부는 비로소 자기가 간직하고 있던 비밀을 밝힌다. 낭만주의 소설에서는 이렇게 주인공을 시험에 들게 해서 진실하고 믿을 수 있는 인물이라는 것을 증명한다. 당테스는 이 시험을 쉽게 통과한다. 그리고 항상 미덕은 보상을 받고, 악은 처벌을 받는다. 딴 이야기이지만, 파리아 신부는 보이지 않는 잉크로 쓴 서류에 열을 가해 보물의 위치를 판독하게 되었다는 점을 독자는 주목해야 한다. 왜냐하면 이 책이 출판되자, 이런 이야기가 아주 흔하게 다른 소설에도 등장했기 때문이다.

막대한 재산을 차지할 가능성이 열리자, 당테스는 생각한다. "이 어마어마한 돈으로 친구들에게 어떤 좋은 일을 할 수 있을까? 동시에 당테스의 얼굴에 그늘이 진다. 복수를 맹세했던 일이 생각났기 때문이다. 이런 돈을 가지고 원수들에게 어떤 타격을 가할 수 있을까?" 탈출에 성공한 당테스는 막대한 재산으로 두 가지 목적—친구들에 대한 보상과 원수들에 대한 응징—을 모두 달성하려고 한다.

이프 성 탈출 장면에서 시체 대신 자루 안에 들어간다는 것은 엄청난 용기와 필사적인 탈출 의지가 없으면 불가능하다. 그대로 땅에 묻힐지, 불에 타죽을지도 모르기 때문이다.

이런 공포에도 굴하지 않고, 침착하게 불굴의 용기와 기발한 책략을 쓰는 것은 낭만주의 소설의 주인공이 갖춰야 할 덕목인 셈이다. 그만큼 어려운 것이기에 탈출이 성공하자 독자들의 기쁨은 배가된다.

　당테스는 혈기왕성한 나이에 감방에 끌려와 14년간이나 고초를 겪고 33세 ─ 예수가 부활한 나이 ─ 에 탈출한다. 그는 물속에서 자루를 찢고 알몸으로 세상에 '부활'한다.

Chapters 13 -19

 은혜를 갚는 신비한 신사

　　당테스는 정신이 아찔하고 거의 질식할 것 같았지만, 시체 자루를 칼로 찢은 다음 발에 매달린 포탄도 잘라내 자유로워진다. 그러나 아직은 안심할 수 없다. 주위의 파도가 마치 유령처럼 소용돌이치며 치솟고 있는 것이다. 그렇지만 마침내 티불랑이란 작은 섬에 오른 당테스는 기진맥진한 상태로 울퉁불퉁한 바위투성이 해변에서 잠에 빠진다. 잠시 잠을 깬 당테스는 작은 어선이 암석에 부딪혀 박살나고 선원들이 사라지는 장면을 목격하게 된다. 그때 마치 기적처럼 배 한 척이 다가오는 것이 보인다. 당테스는 익사한 선원의 모자를 낚아채 휘두르며 삼각 돛배 위의 사람들을 소리쳐 불러 그 배에 탄다. 당테스는 몰타[*] 출신이고, 수염이 6인치에 머리는 1피트나 자란 이유는 피에디그로타[**] 성당에 있는 성모 마리아에게 맹세를 했기 때문이라고 선장에게 설명한다. 당테스는 바지와 셔츠를 받고 선원으로 채용된다.

　　당테스가 19세의 앳된 청년으로 감옥에 들어온 지 14년이 흘러 33세가 되었다. 그 동안 사랑하는 메르세데스는 어떻게 되었을까? 아버지는 어떻게 되셨을까? 당글라르는? 페르낭과 빌포르는? 마지막 세 이름에 생

---

[*]　**몰타:** 이탈리아의 시칠리아 섬과 아프리카 대륙의 사이에 있는 섬.

[**]　**피에디그로타:** 이탈리아 나폴리의 마을 이름.

각이 미치자 당테스의 검은 눈이 증오로 번뜩인다. 그러나 떠오르는 태양의 분홍빛 햇살 속에서 갑자기 어떤 섬의 모습이 나타나자 당테스의 영혼은 밝게 빛난다. 어마어마한 재물이 숨겨져 있는 몽테크리스토 섬이다.

두 달 반이 흐르고, 당테스는 능숙한 밀수꾼이 된다. (그를 구해준 선박은 밀수선이었다.) 당테스는 가능한 한 오랫동안 밀수꾼 생활을 해서 보물을 찾으러 몽테크리스토 섬으로 항해를 나설 때 전혀 의심받지 않도록 할 심산이다. 운명의 여신이 당테스를 돕고 있다. 선장이 몽테크리스토 섬에 정박해 르방(지중해 동부 연안 지역)에서 온 배와 불법 거래를 하기로 결정했기 때문이다.

몽테크리스토 섬에서 당테스는 염소 사냥을 하는 척하다, 실제로 한 마리를 잡아 친구가 된 쟈코포와 함께 캠프로 돌아간다. 그리고는 섬에 계속 남아 있으려고 다리를 다친 척한다. 동료들은 마지못해 그를 남겨두고 떠난다. 배가 바다로 나가자마자 보물을 찾아 나선 당테스는 어렵사리 처음에 들어왔던 동굴 뒤쪽의 동굴에서 보물을 발견하게 된다. 땅에 묻혀 있던 상자를 꺼내자 금화, 닦지 않은 금괴, 다이아몬드, 진주, 에메랄드, 루비가 가득 들어 있다. 당테스는 정신이 아득하고, 흥분이 고조된다. 이 엄청난, 헤아릴 수도 없는 재물이 모두 그의 것이다!

엿새 후에 밀수선이 돌아오자, 당테스는 몰래 다이아몬드를 몇 개 몸에 지니고는 배에 오른다. 항구에 도착한 그는 다이아몬드를 작은 요트와 바꿔 몽테크리스토 섬으로 향한다. 그리고 요트에 별도로 설치한 비밀 방에 막대한 보물을 싣고는 영국 여권을 소지한 채 대담하게 마르세유 항구로 들어간다.

이야기의 무대는, 오래 전부터 당테스와 이웃으로 지냈던 카데루스 소유의 작은 호텔이 있는 프랑스 남부로 옮겨진다. 부소니 신부로 변장한 당테스가 카데루스를 찾아간다. 신부는 당테스의 유언장 집행인이라고 신분을 밝히고는 여러 가지를 캐묻는다. 특히 당테스의 세 '친구' 카데루스, 당글라르, 페르낭에 대해 많은 질문을 한다. 그리고 당테스의 약혼녀였던 메르세데스의 운명에 관해서도 묻는다. 카데루스의 아내는 다 털어놓지 말라고 주의를 주지만, 카데루스는 말하기를 좋아하는데다, 인생에 대해 냉소적이 되어 상대가 당테스인 줄도 모르고 다음과 같이 밝힌다.

(1) 모렐 씨는 '광신적인 나폴레옹 당원' 당테스를 합법적으로 석방시키려고 하다가 목숨이 위태로워질 지경까지 갔다.

(2) 당테스의 아버지는 세상을 떠났으므로 당테스의 돈이 필요 없다.

(3) 당글라르는 당테스의 친구가 절대 아니다. 사실, 당테스가 체포되도록 일을 꾸민 자는 당글라르이므로 그는 당테스의 돈을 가질 자격이 없다.

(4) 페르낭이 당테스를 파멸시킨 당글라르의 편지를 부친 후부터 두 사
람은 친하게 지냈다. 더구나 페르낭은 백작이 되려고 온갖 민족적·
도덕적 원칙을 짓밟았다. 지금은 아름다운 메르세데스를 아내로 맞아
파리에서 살고 있다.

(5) 빌포르도 좋은 집안의 여자와 결혼했고, 훈장을 많이 받았으며 부유
하게 살고 있다.

'신부' 당테스는 카데루스에게 '정의로운 신의 이름으로' 5만 프랑에
상당하는 엄청난 다이아몬드를 주면서 받으라고 한다. 그 대신 선박주 모
렐이 돈을 가득 채워 당테스 아버지의 망토에 매준 '빨간 비단주머니'를
달라고 한다. 이 주머니는 현재 카데루스가 갖고 있다. 주머니를 받은 '신
부'는 그 자리를 떠난다. 카데루스와 아내는 갑자기 닥친 기적과도 같은
행운에 너무 놀란 나머지 얼이 빠져 있다.

다음날, 영국 신사로 변장한 당테스가 톰슨 앤 프렌치 회사의 담당자
라고 하면서 모렐 앤 선 회사의 사정에 대해 묻자, 파산 직전이라는 소문
이 돌고 있다는 대답이 돌아온다. 당테스는 모렐이 곧 결제해야 할 거액
의 어음을 매입한다. 당테스는 변장한 채로 모렐을 찾아간다. 모렐과 만
나는 동안 마지막 남아 있던 파라옹 호가 태풍으로 침몰했다는 소식이 전
해진다. 반쯤 발가벗은 선원 몇 명이 모렐의 사무실에서 임금을 받고 해
고된다. 모렐은 그 이상은 도저히 해줄 수가 없다. 돈이 한 푼도 없는 것
이다. 그 순간 변장한 당테스가 모렐에게 곧 만기가 되는 어음은 앞으로
석 달간 갚지 않아도 된다고 말해 준다. 모렐은 감정이 북받친다. 당테스
는 떠나기 전에 모렐의 딸 쥘리에게 앞으로 언젠가 '뱃사람 신드바드'에
게서 전갈을 받으면 '아무리 이상하더라도' 반드시 그의 지시대로 따라야

된다고 말한다.

모렐은 어음 결제가 연기되었기 때문에 재정적으로 나아졌지만, 간신히 빚을 지지 않는 상태다. 그는 마르세유로 가서 백만장자인 당글라르에게 대부금의 보증을 서달라고 부탁한다. 당글라르가 거절하자, 모렐은 수치심과 절망감에 휩싸여 발길을 돌린다.

모렐은 가족에게 이번에는 '가망이 없다'고 말하며 자살 결심을 굳힌다. 모렐은 아들 맥시밀리엥에게, 자신이 빚을 갚지 못한 채 살면 수치스러운 인간이 되지만, 자살하면 '운은 없었지만 명예를 아는 인간'으로 기억될 것이라고 말한다. 아들은 마지못해 아버지의 말을 받아들이고 혼자 있도록 해준다.

모렐이 권총을 입에 대는 순간, 딸이 이제는 살았다고 소리친다. '신드바드'의 편지에 적힌 대로 알레 드 메일앙에 있는 어느 집에 갔더니 낡은 빨간 비단주머니가 있었고, 그 안에는 지급 표시가 찍힌 287,500프랑짜리 어음, 그리고 '호두만한 다이아몬드' 하나와 '쥘리의 지참금'이라고 적힌 조그만 양피지가 들어 있었다는 것이다. 그때 마침 파라옹 호가 항구로 들어오고 있다는 외침이 부녀의 귀에 들린다. 모렐이 쇠약해서 잘못 들은 것이 아니다. 침몰한 파라옹과 똑같은 배가 화물을 가득 싣고 정박 준비를 하고 있는 것이다.

사람들의 눈에 띄지 않게 서 있던, 미소를 머금은 멋진 신사가 쟈코포에게 보트를 대라고 소리친다. 두 사람은 아름답게 꾸민 요트를 향해 노를 저어간다. 요트에 오르자 신사는 바다를 바라보며, '친절, 인간애, 감사' 등의 덕목에 단호히 작별을 고한다. 앞으로는 복수의 사자가 되어 '사악한 자들을 징벌할' 것이다. 그가 신호를 하자 요트는 바다로 향한다.

낭만주의 소설에서는 주인공이 탈출할 때 주로 폭풍이 몰아친다. 폭풍은 주인공의 가슴 속에서 일고 있는 심경을 상징한다. 당테스도 폭풍이 몰아치는 가운데 탈옥에 성공하는데, 비바람 소리로 인해 자유를 향한 절규가 묻혀 버리는 것은 역설적이다. 밀수꾼이 당테스를 구해 준 사실 또한 아이러니다. 동료였던 쟈코포는 몽테크리스토 백작의 요트를 모는 선장이 되는데, 백작이 자신에게 친절했던 사람에게는 언제나 관대하다는 것을 보여준다.

당테스는 14년간 길렀던 수염과 머리를 자르자 완전히 딴 사람이 된다. 이프 성에 끌려갔을 때는 둥근 얼굴에 미소를 띤 젊은이였다. 그러나 이제는 얼굴이 갸름해졌으며, 입술에는 굳은 결의를 나타내는 선이 자리 잡았고, 미간에는 생각이 깊은 사람에게 생기는 주름이 잡혀 있다. 눈에는 깊숙이 슬픔이 담겨 있는데, 가끔 어두운 증오의 빛이 번쩍인다. 피부는 하얘져 창백하다. 이처럼 외모가 많이 변해 원수들 사이를 헤집고 다녀도 전혀 의심받지 않고 복수를 할 수 있게 된다.

보다 중요한 점은 에드몽 당테스의 내면이 변했다는 것이다. 파리아 신부의 가르침 덕분에 여러 외국어를 통달했으며, 역사와 정치에 대해 많이 배웠고, 수학과 과학을 공부했다. 그리고 고위직에 있는 명예로운 신분을 가진 자들이 행한 반역과 배신에 대해서도 알게 되었다. 이제 그는 더 이상 14년 전에 감옥 생활을 시작할 때의 순진한 청년이 아니다.

15장에서는 보물을 찾는 장면이 펼쳐진다. 여기서 뒤마는 인간의 가장 원초적인 본성을 당테스를 통해 드러낸다. 즉 사람은 대부분 언젠가는 땅 속에 묻힌 보물을 발견하거나, 누군가가 어마어마한 재산을 남겨주리라는 꿈을 안고 산다는 것이다. 이런 욕망은 호머의 〈일리아드 *Iliad*〉에서부터 스티븐슨의 〈보물섬 *Treasure Island*〉, 그리고 거액의 상금을 주는 텔레비전 퀴즈 프로그램에 이르기까지 도처에서 나타난다.

당테스는 몽테크리스토 섬에 남으려고 술수를 쓰지만 쟈코포가 같이 있으려고 하면서 실패할 뻔한다. 당테스가 파리아 신부를 내버려두고 혼자 탈출하지 않으면서 보상을 받는 것처럼, 다리를 다친 척하는 당테스 곁을 떠나려 하지 않은 쟈코포도 보상을 받는다. 백작의 신임을 받는 하인이자 친구가 되는 것이다.

15장과 16장에서는 당테스가 감옥에 갇혀 있는 동안 어떤 일이 일어났는지 알게 된다. 당테스는 오래 전부터 알고 지내던 이웃 가스파르 카데루스를 찾아간다. 당테스의 소위 '친구들'에 관한 파리아 신부의 예측이 카데루스를 통해 모두 사실로 확인된다.

이 부분에서는 당테스가 파리아 신부에게서 인간의 본성과 심리에 관해 얼마나 철저하게 배웠는지 특히 잘 나타난다.

부소니 신부로 변장한 당테스는 카데루스에게 5만 프랑 상당
의 다이아몬드를 보여주며, 당테스의 친구 네 명과 아버지가
나눠가졌으면 좋겠다고 말한다. 그러면서 탐욕스러운 카데루
스가 당글라르, 페르낭, 그리고 빌포르에 관해 거짓 없이 말할
것이라고 확신한다. 당테스의 아버지가 죽었다는 사실은 카데
루스에게는 파리 한 마리가 죽은 것이나 다를 바 없다. 독자
나 당테스의 눈에는 카데루스가 다이아몬드를 독차지하기 위
해 자신의 죄를 자백하는 것과 마찬가지로 보인다. 결국 카데
루스는 파리에서 온 보석상과 자기 아내까지 살해하고는 온갖
범죄를 저지르다 부소니 신부에게 붙잡힌다.

17장은 두 가지 목적을 모두 다룬다. 모렐을 돕기 위해
형무소 국장에게서 20만 프랑에 상당하는 어음을 사들이는
한편, 형무소 기록을 모두 뒤져 자신을 감옥에 처넣으라고 지
시한 편지를 찾아내 빌포르의 필적을 확인한다.

카데루스의 이야기를 통해서는 원수들이 모두 부유하
며, 프랑스에서 유력한 지위를 차지하고 있다는 것을 알게 된
다. 그들이 모두 순박하며, 평범한 생활을 누리고 있다면 복수
는 간단할 것이다. 하지만 카데루스 이외에는 모두 엄청난 권
력과 부를 누리고 있다. 거대한 탑은 쓰러질 때도 엄청난 소리
를 내는 법. 당테스는 서서히 교묘한 계략으로 프랑스에서 가
장 부유하고, 가장 힘센 자들을 쓰러뜨리게 된다.

19장의 마지막 부분에서 당테스는 재산을 이용해 선한

일을 모두 끝낸다. 모렐의 재산과 명예를 모두 회복시켜준 것이다. 소설의 나머지 부분은 몽테크리스토 백작이 어떻게 원수들을 파멸시키는지를 보여주게 된다. 당테스는 자신의 감정을 이렇게 표현하고 있다. "이제 친절한 마음씨, 따뜻한 인간애, 감사할 줄 아는 마음 등에 작별을 고하노라. 인간의 마음을 훈훈하게 하는 모든 감정과 작별을 고하노라. 이제부터는 사악한 자들을 처벌하는 복수의 사자가 되리라!"

Chapters 20, 21

 ## 복수의 서막이 열리다

　　장면은 극적으로 바뀌어 로마에서 새로운 인물 두 명이 등장한다. 젊은 남작 프란츠 데피네이와 미남 자작 알베르 드 모르세프가 그들이다. 이들은 축제 기간 동안 낭만과 웃음을 찾아 로마에 왔는데, 이상하게도 마차와 말을 구할 수 없어 안절부절못하며 몹시 화가 나 있다. 귀족 신분인 자신들이 '변호사 서기들처럼 걸어서 로마를 돌아다닐 수는 없는' 노릇이기 때문이다. 이들은 로마 귀족들에게 모두 '소개장'을 전달하고, 어쩔 수 없다면 화려한 '나폴리 추수꾼' 복장에 리본으로 장식한 달구지를 타고 돌아다닐 계획을 세운다. 하지만 마지막 순간에 두 남자에게 행운의 여신이 미소를 보낸다. '그 위대한' 몽테크리스토 백작이 두 사람이 곤란을 겪고 있다는 얘기를 듣고는 자기 마차와 흥겨운 축제가 벌어지는 광장이 내려다보이는 창가에 자리를 마련해 놓겠다는 전갈을 보내왔다고 호텔 주인이 말한 것이다.

　　몽테크리스토를 만나게 된 프란츠와 알베르는 그의 됨됨이와 왕궁 같은 거처, 극진한 대접에 크게 놀란다. 뿐만 아니라, 처형 장소가 내려다보이는 창가에서 공개 처형장면을 함께 보자고 너무나 간곡하게 청하는 바람에 충격을 받는다. 알베르와 프란츠는 이 처참한 광경을 잠자코 보았지만, 기분이 아주 침울하다. 처형 직전에 몽테크리스토는 복수는 천천히 고통을 주면서 해야 된다는 말밖에는 하지 않는다. 그는 단두대에서 머리를 잘라내는 것은 너무 빠르고 고통을 주는 방법이 아니라고 생각한다. 프란츠와 알베르는 참수와는 대조적으로 아주 야만적인 처형을 목격하게 된다. 어떤 남자가 못이 박힌 철퇴로 두들겨 맞고, 칼로 목이 찢긴 다음에 배를 마구 짓밟히자 마침내 입에서 기이한 루비색 분수처럼 피가 뿜어져 나온다. 그런데 이상하게도 처형대에 있던 구릿빛 피부의 잘생긴 청년은 마지막 순간에 사면된다. 몽테크리스토가 예측했던 대로 일이 벌어지는 것이다.

두 남자와 몽테크리스토는 서둘러 축제 의상을 입고 행렬에 끼어든다. 이내 알베르는 낭만을 찾아온 보람을 느낀다. 마차에 탄, 가면을 쓴 여인이 제비꽃 꽃다발을 던져준 것이다. 축제 이틀째에도 이 여인이 꽃다발을 던져준다. 그 후 알베르는 이 신비스러운 여인으로부터 초대를 받는다. 그는 약속 장소가 있는 거리로 나갔다가 축제가 막을 내리면서 촛불이 모두 꺼지는 순간 납치된다.

엄청난 돈을 내지 않으면 알베르의 생명이 위험하다는 전갈이 프란츠에게 도착한다. 필사적이 된 프란츠는 몽테크리스토에게 돈을 빌려달라고 하면서, 몸값을 받으러 어떤 남자가 밑에서 기다린다고 말한다. 몽테크리스토는 창가로 가서 그 사람과 이야기를 나눈다. 그는 몽테크리스토 덕분에 처형대에서 '목숨을 구한' 구릿빛 미남 청년 페피노로 밝혀진다. 페피노는 악명 높은 자기네 두목 루이기 밤파가 알베르를 납치했다고 말한다. 몽테크리스토는 페피노에게 자기들 두 사람을 즉시 밤파에게 데려가 달라고 청한다.

로마의 지하 묘지 깊숙한 곳에서 몽테크리스토는 밤파에게 친구는 절대로 괴롭히지 않겠다는 약속을 깨뜨렸다며 꾸짖는다. 범죄조직의 두목이라기보다는 호쾌한 신사처럼 생긴 밤파는 몽테크리스토에게 진심으로 사과하고 이내 알베르를 풀어준다. 나중에 알베르는 목숨을 구해 준

은혜를 어떻게 하면 갚을 수 있겠느냐고 몽테크리스토에게 묻는다. 몽테크리스토는 파리 사교계에 진출할 수 있도록 소개를 받고 싶다고 대답한다. 물론 알베르는 그 청을 받아들이고, 정확히 세 달 후에 파리에서 다시 만나기로 약속한다. 두 사람은 약속의 의미로 악수를 나누고, 몽테크리스토는 떠난다. 프란츠는 알베르에게 몸을 돌려, 몽테크리스토가 이상한 사람이라고 말한다. 그는 백작이 파리로 오는 것에 불안감을 느낀다.

　　백작이 본격적인 복수를 계획하기 직전에 해당하는 이 두 장에서는, 품위 있고 부유한 몽테크리스토 백작으로 완전히 변신한 에드몽 당테스의 모습을 볼 수 있다. 모렐 씨의 은혜를 갚은 지 몇 년이 흘렀지만, 나중에 벌어지는 일을 토대로 백작이 널리 여행했으며, 여러 가지 준비를 했다는 것을 짐작할 수 있을 뿐이다. 예를 들면, 벙어리 시종 알리, 집사 베르투치오, 노예이자 연인 헤이데를 만난 것이다. 그리고 백작이 알베르와 프란츠를 우연히 같은 호텔에서 만나고, 기적적으로 알베르를 구출한 것처럼 보이지만, 사실은 사전에 치밀하게 준비한 일임을 알 수 있다. 다시 말해, 알베르의 소개로 파리 사교계에 진출해 원수들에게 복수할 수 있도록 사전 준비를 한 것이다.

　　이 부분에서 독자는 몽테크리스토의 복수와 죽음에 대한 생각도 알게 된다. 백작은 암살자를 고용하거나 여러 가지 방법으로 원수들을 금방 없앨 수도 있다. 그러나 다른 사람에게 그토록 오랫동안 고통을 가한 자들이 고통을 느끼지 않고 금방 죽게 내버려둘 수는 없는 노릇이다. 백작의 말을 직접 들어보자. "만약 어떤 자가 아버지나 어머니 또는 사랑하는 사람을 고문하고 죽여, 그 피해자가 평생 마음속으로 피를 흘리며 무엇으로도 채울 수 없는 공허한 가슴을 부여잡고 살게 만들었다면, 그런 자가 달랑 몇 초 동안 고통을 겪었다고 해서 사회가 피해자에게 충분한 보상을 했다고 생각하는가?" 그는 단칼에 죽이는 복수를 바라지 않는다. 원수들이 오랫동안 고통을 느끼며 서서히 죽음에 이르게 되는 복수를 원하는 것이다.

Chapters 22-26

몽테크리스토, 파리 사교계에 등장하다

3개월 후 파리. 알베르가 오찬에 오기로 되어 있는 몽테크리스토를 초조하게 기다리고 있다. 제일 먼저 도착한 손님은 키가 크고 금발인 내무부 장관 비서 뤼시엥 드브레다. 손님 중에는 훤칠한 키에 가슴이 넓은 모렐의 외아들 맥시밀리엥 모렐 선장도 있다. 멕시밀리엥은 전에 콘스탄티노플*에서 어떤 귀족의 생명을 구했다는 것이 밝혀진다. 이전에 누군가가 자기 아버지의 목숨을 '기적적으로' 구해 주었기 때문에 자신도 매년 '영웅적인 행동'을 하려고 하는 것이다.

그러자 알베르는 손님들에게 자신이 몽테크리스토 백작을 통해 '기적적으로' 구출된 이야기를 들려준다. 그 말을 들은 손님 중 한 사람이 그런 '백작'은 없다고 말한다. 자기가 유럽의 귀족들에 대해서는 모르는 게 없는데, 몽테크리스토 백작이나 몽테크리스토 섬에 대해서는 들어본 적이 없다는 것이다. 10시 30분 정각에 몽테크리스토가 도착했다는 말이 전해진다.

점심 식사를 하며, 몽테크리스토가 속을 파낸 에메랄드로 만든 멋진 약상자를 보여주자 모두 감탄을 금치 못한다. 이어 백작은 범죄조직의 두

---

* **콘스탄티노플**: 현재는 이스탄불이라고 불리는 터키의 도시.

목 루이기 밤파와 함께 경험했던 호쾌한 모험담과 자신의 집사인 베르투치오도 한때는 범죄조직의 일원이었고, 자신의 영향력으로 밤파의 연락책이던 페피노의 생명을 구해 주었다는 얘기도 한다. 알베르는 몽테크리스토에게 자기 약혼자인 위제니 당글라르(당테스의 원수인 당글라르의 딸)에 대해 말해 준다. 젊은이들은 몽테크리스토란 사람과의 이야기에 매료되어 그가 머물 숙소를 구해 주겠고 청한다. 백작이 이미 샹젤리제 가(파리에서 가장 유명한 거리) 30번지에 거처를 정했다고 말하자 젊은이들은 깜짝 놀라면서 좋은 여자를 소개해 주겠다고 말한다. 몽테크리스토는 콘스탄티노플에서 산 '노예'로 그리스어밖에는 할 줄 모르는 정부(情婦)가 있다고 말해 준다. 파리의 귀족 젊은이들이 몽테크리스토 같은 비범한 인물은 처음 대하는 것이 분명하다.

다른 사람들이 모두 가버리자 알베르는 몽테크리스토에게 자기 아파트를 구경시켜주며, 카탈란 지방의 어부 옷을 입고 있는 자기 어머니의 유화 초상화를 가리킨다. 몽테크리스토는 초상화를 유심히 감상한다. 나중에 그는 알베르의 아버지 페르낭을 만나게 된다. 그는 저명한 갑부 몽테크리스토가 에드몽 당테스인 줄 알아보지 못하는 것 같다. 페르낭과 그의 아내는 몽테크리스토에게 자식의 목숨을 구해준 것에 대해 깊이 감사하는데, 페르낭의 아내인 메르세데스는 그를 보자마자 화들짝 놀라는 모습이 역력하다. 그녀는 평상시와는 다른 태도를 보이며, 자식의 목숨을 구해 준 사람을 갑자기 만나게 된 어머니는 누구나 자기처럼 된다고 얼버무린다. 몽테크리스토는 그녀보다 더 창백해지면서, 파리에 새로 산 집을 아직 보지 못했다며 이내 자리를 뜬다. 몽테크리스토가 나가자 메르세데스는 아들에게, 몽테크리스토가 알베르를 좋아하는지, 알베르도 그 사람을 좋아하는지 묻는다. 열띤 어조로 몽테크리스토에 대해 말하는 알베르

는 어머니가 눈을 감은 채 생각에 잠겨 있다는 것은 눈치 채지 못한다.

시내의 집으로 돌아온 몽테크리스토는 '시골집' 매입에 필요한 서류에 서명할 준비를 한다. 독자들은 그 시골집이라는 것이 파리 시내에 있다는 사실을 알게 된다. 거대한 불로뉴의 숲 맞은편의 오테이유라는 교외 지역에 자리한 집인 것이다. (이 집은 몽테크리스토가 엄청난 비밀 중의 하나를 밝히는 무대가 된다.)

집사인 베르투지오는 '오데이유'라는 말을 듣자 이상하게도 몹시 초조해 하고, 후에 몽테크리스토와 함께 그 집에서 살아야 한다는 것을 알게 되자 두려워하며 성호를 긋는다. 백작은 베르투치오에게 그곳을 두려워하는 이유를 캐묻는다. 독자들은 다음과 같은 사실을 알게 된다.

(1) 그 집은 빌포르의 첫째 아내의 아버지인 생메랑 소유였다. 그 첫째
    부인은 죽었지만 빌포르는 젊은 여자를 그곳에 숨겨두고 계속 드나
    들었다. 베르투치오는 검사인 빌포르를 죽이려고 그 집에 갔었다. 빌

포르가 자기 형의 살인범을 잡으려고 하지 않았기 때문이다.

(2) 그 집에 갔다가 빌포르가 작은 상자를 땅에 파묻는 것을 보았다. 베르투치오는 빌포르를 칼로 찌르고는 상자를 파냈다. 돈이 들어 있을 것이라고 생각했지만 그 상자 안에는 갓난아기가 있었다. 그는 아기를 형수에게 맡겼는데, 아기를 싼 포대기에는 왕관 표시와 H와 N이라는 머리글자가 있었던 것이 기억난다.

(3) 세월이 흘러 그 사내아이가 열한 살이 되자, 베르투치오는 그 아이가 구제불능일 정도로 사악하다는 것을 알게 되었다. 그러던 어느 날 밤 베르투치오는 세관 직원에게 붙잡힐 뻔했으나 도망쳐 카데루스라는 악당이 운영하는 작은 호텔로 숨어들었다. 베르투치오는 카데루스가 보석상과 흥정하는 것을 몰래 지켜봤다. 카데루스 부부는 에드몽 당테스란 선원이 준 선물이라고 주장하면서 엄청난 다이아몬드를 최대한 많은 돈을 받고 팔려고 하는 중이었다.

(4) 보석상은 마침내 카데루스에게 4만 5천 프랑을 주고는 폭풍우가 사납게 몰아치는 가운데 바삐 떠났다. 그러나 보석상이 흠뻑 젖은 채 돌아와 잠자리를 청했다. 카데루스는 그에게 먹을 것을 주었다. 밤이 깊어진 시간, 베르투치오가 권총 소리와 끔찍한 비명에 일어나 보니, 카데루스가 피를 뒤집어쓴 채 다이아몬드를 움켜쥐고 어둠 속으로 사라졌다. 위층에서 베르투치오는 카데루스 아내의 시체와 가슴에 부엌칼이 꽂힌 보석상의 시체를 발견했다. 그 직후에 베르투치오는 뒤따라온 세관 직원들에게 체포되었다.

(5) 베르투치오의 재판이 시작되기 닷새 전에 부소니 신부가 감옥으로 찾아와 그가 다이아몬드에 관해 말한 것은 사실이라고 보증해 주었다. 한편, 체포된 카데루스는 모든 것을 자백하고, 무기 중노동형을 선고

받았다. 석방된 베르투치오는 신부의 말대로 몽테크리스토를 찾아갔고, 그 이후 몽테크리스토의 신임을 받는 집사로 생활하게 된다.

베르투치오의 이야기가 끝나고, 두 사람은 파리로 돌아간다.

당테스의 복수는 시작되었다. 교묘하게 사람들을 얽어매는 거미줄에 메르세데스를 놓고 연적 관계였던 페르낭은 이미 걸려들었고, 메르세데스와 당글라르를 비롯해 모렐의 아들 맥시밀리엥도 찾아냈다. 빌포르도 궁지에 몰아넣었다. 빌포르는 베르투치오의 칼을 맞고도 죽지 않았던 것이다. (빌포르는 당테스를 반역자로 지목했으며, 기소장 서명자임을 잊지 말자. 당글라르는 당테스를 모함하는 편지를 쓴 자이며, 페르낭은 그것을 부친 자다. 이들 때문에 당테스는 14년 동안 감옥에 갇혀 죽을 뻔했다.) 이제 사람들에게 경외심을 불러일으키는 몽테크리스토가 된 당테스는 '우연의 일치'처럼 느껴지는 사건을 더 많이 만들어 사람들 마음에 쏙 들게 해서 모두가 자신에게 '깊이 감사하게' 만들려고 한다.

먼저, 당글라르 부부에게 복수를 시작한다. 당글라르는 아내에게 파리 최고의 명마라는 잘생긴 점박이 회색 말 두 마리를 선물한다. 이 말들을 본 몽테크리스토는 감탄하며, 집사에게 사들이라고 지시한다. 몽테크리스토는 당글라르를 만나 돈 이야기를 나눈다. 몽테크리스토는 당글라르에게 당좌계좌를 개설해서 즉시 6백만 프랑까지 현금을 인출할 수 있도록 해달라고 설득한다. 당글라르는 마지못해 승낙한다. 이어 몽테크리스토는 당글라르의 아내를 만나는데, 그 자리에서 알베르의 오찬 때 만난 적이 있는 드브레가 그녀를 즐겁게 해주고 있는 모습을 보게 된다. 드브레가 창밖을 내다보니 당글라르 부인의 귀한 말들이 몽테크리스토의 마차에 매어져 있다. 당글라르 부인은 남편이 말들을 팔았다고 몹시 화를 내고, 몽테크리스토는 모른 체한다. 나중에 몽테크리스토는 정중한 사과의 편지와 함께 말들을 당글라르 부인에게 돌려보내면서, 은제 장미에 각각 번쩍거리는 커다란 다이아몬드를 하나씩 박아서 선물로 준다.

빌포르의 아내 엘루와즈가 이 말들을 당글라르 부인에게서 빌리는데, 몽테크리스토는 이 말들이 '날뛰며 도망치도록' 일을 꾸민다. 그리고는 '우연히' 몽테크리스토의 하인인 누비아(아프리카 동북부 지역) 출신의 벙어리 알리가 이 말들을 그의 집 앞에서 극적으로 멈추게 한다. 몽테크리스토는 기절한 빌포르의 자녀 에두와르에게 약(감옥에서 파리아 신부가 사용했던 약과 똑같다)을 몇 방울 먹여 회복시킨다. 몽테크리스토에게 홀딱 반한 엘루와즈는 그렇게 '친절하고 자비로운' 일을 해주어 평생 빚을 졌다고 말한다.

그날 저녁, 빌포르가 찾아와 아내와 아들의 생명을 구해 준 것에 대해 감사를 표한다. 함께 이야기를 나누던 중에 몽테크리스토는 자신은 모든 대륙의 모든 나라에 살고 있는 사람에 대해 연구했다고 말한다. 사람들의 미덕과 악덕과 약점에 대해 모르는 것이 없고, 인간은 근본적으로 '추악한 동물'이라는 것이다. 그러나 다른 사람들과 달리 자기는 어느 나라에도 속하지 않고, 어떤 '부류'의 인간이라고 단정할 수도 없으며, 아무도 두려워하지 않는다. 누가 자기에게 도움이 되는지 금방 판단할 수 있기 때문이란 것이다. 인간은 모두 '실수나 범죄'를 저질렀으며, 자기는 오래 전에 신의 섭리를 행하는 자, 즉 '보상을 해주고 벌을 내리는' 사람이 되었다는 것이다. 빌포르는, 아내는 단순히 백작의 '영원한 친구'라고 생각할지 모르겠지만, 자기는 '절대로 평범한 사람'이 아니란 점을 알아주었으면 좋겠다고 오만하게 말한다.

　　오랜 세월에 걸친 준비 끝에 몽테크리스토는 원수들에 관해 자세한 부분까지 모두 알고 있는 것처럼 보이고, 이제는 그들과 직접 대면하는 장면을 독자들은 보고 있다. 그는 원수들이 각각 자신과 어떤 식으로든 관계를 갖도록 여러 방법을 사용하고 있다. 따라서 독자들은 알베르 모르세프의 '구출'은 모르세프 백작, 즉 연적이었던 페르낭 몬데고와 가까워지려는 사전 공작임을 알게 된다.

　　알베르의 오찬 모임에 뜻밖에 맥시밀리엥 모렐이 나타나는데, 그 자리에서 몽테크리스토는 맥시밀리엥의 누이동생이 결혼한 지 9년째로 행복하게 살고 있다는 말을 듣는다. 따라서 독자는 현재 백작이 41세나 42세이고, 그 동안 전 세계를 돌아다니며 원수들에 관한 정보를 수집하면서 영향력을 키웠다는 것을 짐작할 수 있다. 이 자리에서 백작은 알베르를 구한 '구세주'이고, 맥시밀리엥은 다른 사람의 '구세주'임이 밝혀져, 백작은 이내 맥시밀리엥과 친구가 되고, 나중에는 보호자가 된다.

　　백작은 젊은이들과 거리낌 없이 대화한다. 집사인 베르투치오는 한때 밀수꾼이었지만 자기 은혜를 입어 밑에서 일하고 있으며, 시종은 누비아 출신의 벙어리로, 자기가 구해 주었다고 설명한다. 또 노예였던 여자를 사서 정부로 삼고 있다고도 말한다. 루이기 밤파는 이탈리아 경찰에 붙잡힐 뻔한 것을 구해 주었기 때문에 신세를 갚으려고 알베르를 풀어주었고, 로마 축제 때 사형당할 처지에 놓였던 페피노도 자기가 구해 준 것이라고 설명한다.

파티가 끝난 후 알베르는 백작을 부모에게 소개한다. 부부는 아들의 생명을 구해 준 백작에게 깊은 감사를 표한다. 물론 페르낭은 백작을 알아보지 못하지만, 메르세데스는 몽테크리스토가 옛 약혼자 당테스라는 것을 눈치 챈다.

베르투치오는 비로소 백작에게 자기 이야기를 털어놓지만, 몽테크리스토는 이미 알고 있음을 독자들은 잊으면 안 된다. 부소니 신부로 변장한 백작에게 모두 고백한 내용이기 때문이다. 몽테크리스토는 베르투치오가 말한 그 집을 샀던 것이다. 백작은 같은 이야기를 들으며 베르투치오가 거짓말하는 것은 아닌지, 믿을 만한 사람인지를 시험하고 있다. 독자는 이 이야기를 통해 카데루스가 얼마나 비열한 사람이고, 당글라르 부인, 즉 빌포르가 오테이유 저택에 숨겨놓았던 여인과 빌포르 사이에 태어난 망나니 아들 베네데토에 관해 알게 된다.

이 부분의 말미에 몽테크리스토는 6백만 프랑의 거금을 투자하겠다는 말로 당글라르에게 접근한다. 그리고 빌포르의 아내와 아들 에두와르가 탄 마차를 끄는 말들이 날뛰게 만든 다음, 구해내 빌포르 가의 은인이 된다.

빌포르가 아내와 아들의 생명을 구해 준 감사를 표하

러 오자, 백작은 다시 한 번 보상과 처벌에 관한 견해를 밝힌
다. 몽테크리스토는 이 세상에서 마음대로 할 수 있는 것을 선
택하게 된다면, 이렇게 하겠다고 말한다. "나는 신의 섭리에
관한 얘기를 항상 듣지만, 한 번도 제대로 행해지는 것을 보
지 못했습니다. 따라서 그것이 존재하지 않는다고 생각합니다.
저는 신의 섭리를 대행하는 사자가 되고 싶습니다. 이 세상에
존재하는 것 중에서 가장 위대하고, 아름답고, 고귀한 것은 보
상과 처벌이니까요."

Chapters 27-38

 백작의 적들, 궁지에 몰리기 시작하다

집에 돌아오자 몽테크리스토는 온화하고 아름다운 노예 헤이데를 찾아간다. 백작은 헤이데에게 이곳은 파리이므로 서구인처럼 옷을 입어도 좋고, 다른 사람을 만나도 좋다고 말한다. 특히 남자를 만나도 괜찮고, 마음에 들면 사랑해도 좋다고 상기시켜준다. 그러나 헤이데는 백작보다 잘생긴 남자는 만나지 못할 것이라고 하면서, 백작 이외에는 누구도 사랑하지 않으며, 절대로 곁을 떠나지 않겠다고 다짐한다. 잠시 후 백작은 모렐의 딸 쥘리의 집 앞에 마차를 댄다. 쥘리는 이제 에마뉘엘 에르보 부인이고, 맥시밀리엥 모렐도 이 집에서 살고 있다. 집 안으로 들어간 몽테크리스토는 빨간 비단 주머니가 속이 빈 둥근 수정구 안에 든 채로 까만 주단 방석 위에 놓여 있는 것을 보게 된다. 그 옆에도 둥근 수정구가 있는데, 그 속에는 멋진 다이아몬드가 들어 있다. (이것은 몽테크리스토가 몰래 쥘리의 지참금으로 선물한 것이다.)

맥시밀리엥과 누이동생은 자기들이 겪은 이상하면서도 엄청난 행운에 관해 이야기를 해준다. 남매는 이런 큰 은혜를 베푼 정체 모를 사람을 '천사'라고 부르며, 로마에 있는 톰슨 앤 프렌치 회사를 대표하는 영국인이라고 한다. 몽테크리스토는 반농담조로 그 '천사'가 누군지 알 것 같다고 하면서 어쩌면 윌모어 경일지도 모른다고 말한다. 익명으로 어마어마한 자선을 베푸는 것으로 알려져 있지만, 소재는 알 수 없는 사람이다. 그러자 맥시밀리엥은, 아버지로부터 자기들을 남몰래 도운 사람은 바로 에드몽 당테스가 틀림없다는 말을 들었노라고 말한다. 백작은 갑자기 얼굴이 새파랗게 질리더니 서둘러 에르보 부부에게 찬사를 늘어놓고는 자리를 뜬다. 나중에 쥘리는 분명히 백작의 목소리를 전에 들은 적이 있다고 말한다.

백작은 표면상으로는 이전 방문에 대한 답례로 빌포르의 집을 찾았다고 하지만, 빌포르가 수상과 식사를 하기 위해 외출할 예정임을 알고 있었다. 백작은 빌포르 부인, 딸 발렌틴, 아들 에두와르와 함께 시간을 보내기로 한다. 빌포르 부인은 에두와르가 찢고 있는 아름다운 그림 앨범을 빼앗는다. 발렌틴과는 잠깐 자리를 같이 했지만, 우아하고 솔직한 태도에 깊이 감명받는다.

몽테크리스토는 빌포르 부인과 단 둘이 있게 되자, 전에도 이야기를 나눈 적이 있다는 것을 상기시킨다. 두 사람이 이탈리아에 있을 때, 황달에 걸린 호텔 주인을 화학 지식을 활용해 고쳐준 일로 백작은 '명의'라는 명성을 얻었던 것이다. 빌포르 부인은 그에게 약과 독약에 관해 자세히 묻는다. 그녀 역시 독약에 관해 상당히 많이 알고 있다. 몽테크리스토가 떠나기 전, 빌포르 부인은 에두와르가 '사고'로 기절했을 때 사용했던 액체를 좀 보내달라고 부탁한다. 몽테크리스토가 빌포르 부인에게 주의를 준다. "한 방울은 목숨을 살리지만, 대여섯 방울이면 사람을 죽입니다." 다음날, 부인에게 약이 전달된다.

며칠 후, 알베르(메르세데스의 아들)와 드브레(당글라르 부인의 애인)가 몽테크리스토를 찾아온다. 이들은 백작의 저택이 벌써 주인을 닮아 왕궁 같은 분위기가 느껴진다고 생각한다. 알베르는 당글라르의 큰딸 위제니와의 약혼에 대해 상의하고 싶어 온 것이다. 그는, 위제니의 집안이 '너무 돈이 많아' 두렵다고 하면서 어머니는 그 결혼을 반대하지만, 아버지는 그렇지 않다는 것이다. 몽테크리스토는 이상하게도 초조해 보인다. 백작이 당글라르의 어마어마한 재산에 관해 말하고 있을 때 갑자기 알베르가 드브레에게 장관 비서니까 투기를 일삼는 당글라르 부인에게 귀중한 교훈을 가르쳐줄 수 있을 것이라고 넌지시 말한다. 당글라르 부인은 곧 알베르의 장모가 되므로 특히 좋은 교훈을 가르쳐주라는 것이다. 알베르의 제안은 다음과 같다. 드브레가 정치적 상황에 대한 소문을 조작해 어떤 주식에 투자하면 돈을 많이 벌 수 있을 것이라고 귀띔해 주고, 그 다음 날 기자인 보샹이 그 소문을 부정하는 기사를 싣는다. 그러면 주가가 폭락해서 당글라르 부인은 상당히 많은 돈을 잃게 된다. 이런 '약을 몇 번 복용하면' 그 여자는 '보다 조심하게' 될 것이다. 알베르는 드브레가 매우 당혹스러워하는 것을 전혀 눈치 채지 못하지만 몽테크리스토는 알고 있다. (그렇게 하면 드브레는 연인을 배반하는 것이 되고, 나중에 밝혀지지만 당글라르 부인과는 '이익'을 절반씩 나누게 되어 있으므로 스스로 금전적인 파멸의 구렁텅이를 파는 셈이 된다.) 드브레는 서둘러 몽테크리스토 백작의 집을 나선다.

몽테크리스토는 알베르에게 자기가 만찬 파티를 열어 빌포르 가족과 당글라르 가족을 초대하면 어떻겠느냐고 제의한다. 그렇게 하면 알베르의 어머니(메르세데스)가 아들이 당글라르의 딸 위제니와 함께 있는 것을 보는 고통을 덜게 된다는 것이다. "나는 메르세데스에게 고통을 주는 것은 무슨 일이 있어도 피하고 싶다"고 몽테크리스토는 말한다. 알베르는 너무 감사해 하며, 어머니에게 몽테크리스토의 깊은 배려에 대해 전하겠다고 한다. 알베르는 '선약'을 핑계 삼아 자기네 가족이 몽테크리스토와 만찬을 함께 하지 못하도록 일을 꾸밀 속셈이다. 백작은 알베르에게, 자신은 카발칸티 소령을 만나 그의 아들 안드레아(사실은 빌포르와 당글라르 부인 사이에 태어난 사생아 베네데토)의 파리 사교계 진출을 도울 것이라고 말해 준다. 그러자 알베르는 농담조로, 그러나 진지하게, 안드레아가 위제니(위제니와 안드레아, 즉 베네데토는 아버지가 다른 남매 사이고, 둘 다 당글라르 부인이 낳았다.)와 사귈 수 있도록 도와주라고 말한다.

그날 밤 7시에 카발칸티 소령과 백작이 만난다. 카발칸티는 몽테크리스토가 '어떤 역할'에 맞게 꾸며 다른 사람의 이름을 사칭하는 인물임이 분명하다. 백작은 그 대가로 엄청난 돈을 지불한다. 몽테크리스토는 그에게 '아들' 안드레아의 출생증명서와 그의 신분에 어울리는 옷이 든 트렁크를 건넨다. 그리고는 카발칸티를, 키가 크고, 금발에 빨간 턱수염과 번득이는 검은 눈동자를 가진 '아들'에게 소개한다. 두 사내는 각자 맡은 역할을 잘 하겠다고 약속한다. 몽테크리스토는 이 '배우'들에게 자신의 집에서 열리는 토요일 만찬 파티에 오라고 지시한다. 비밀스러운 복수의 거미줄이 치밀한 계획 하에 처지고 있는 것이다.

빌포르의 집. 철로 장식된 대문 앞에서 발렌틴 빌포르와 만난 맥시밀리엥은 그녀가 프란츠 데피네이와 강제로 결혼하면 얼마나 불행해질지 깨닫게 된다. 맥시밀리엥은 무슨 일이 있어도 발렌틴만 사랑하겠다고 맹세한다. 안에서 사람 소리가 들리자 발렌틴은 집으로 들어간다. 집에는 공증인 두 명이 불려와 있고, 할아버지(나폴레옹 추종자 누와티에르 씨. 몸이 마비되고 말도 못한다.)가 눈짓으로 유언장을 수정하고 있다. 노인의 재산은 거의 백만 프랑에 달하는 엄청난 액수인데, 만약 발렌틴이 프란츠와 결혼하면 이 돈을 전부 가난한 사람들에게 주려는 것이다. 빌포르는 아버지에게 불같이 화를 내지만, 노인의 고집이 세다는 것을 알고 있다. 빌포르는 아버지 소원대로 유언장을 작성하라고 공증인들에게 지시한다.

아버지 방에서 나온 빌포르는 손님이 와 있다는 것을 알게 된다. 몽테크리스토 백작이다. 그는 토요일 오테이유의 시골집에서 만찬이 있다는 것을 상기시켜준다. 오테이유라는 말을 듣고 빌포르는 창백해진다. 그리고 그 '시골집'의 원래 소유자가 생메랑 부부(빌포르의 전 장인장모)였다고 말하자 더욱 얼굴이 질린다. 빌포르는 그 집을 당글라르 부인과의 밀회 장소로 이용했고, 갓난아기는 생매장했다고 믿고 있다. 베네데토 즉 '안드레아 카발칸디'가 태어난 곳이기도 하다.

토요일이 되자 몽테크리스토의 손님들이 도착한다. 손님이란, 맥시밀리엥 모렐, 뤼시엥 드브레(당글라르 부인의 애인), 당글라르 부부(남작은 극도로 창백하고 멍해 보인다. 선인장에 대고 이야기를 하다가 가시에 찔리기도 한다.), '카발칸티 부자'(멋진 새 옷을 차려입어서 아주 근사해 보인다.), 그리고 빌포르 가족(빌포르 씨는 '눈에 띄게 초조해 보인다.') 등이다.

베르투치오(집사)는, 당글라르 부인이 바로 빌포르와 몰래 만났던 그 임신한 여자라고 은밀히 주인에게 말한다. 백작은 베르투치오의 칼이 빌포르의 엉뚱한 갈비뼈 사이에 박혀 죽지 않았다고 설명한다. 베르투치오는 젊은 카발칸티를 엿보다가 죽은 형수를 괴롭혔던 아이 베네데토임을 알아본다.

베르투치오는 자기 눈을 의심하면서 비틀거리며 식당으로 돌아가지만, 저녁 시중은 제대로 든다. 진귀하고 이국적인 요리를 먹으며, 몽테크리스토는 손님들에게 집에 관한 이상한 역사를 들려준다. 빌포르는 술을 급히 마시기 시작한다. 특히 몽테크리스토가 손님들에게 어떤 사람이 '사악한 업보'를 안고 나가는 컴컴한 밤을 상상하게 할지도 모르는 '이상한 침실'을 보자고 할 때 더욱 그렇다. 당글라르 부인이 반쯤 정신을 놓고는 이야기를 그만하라고 부탁하자 몽테크리스토는 고귀한 아이가 태어난 방일 수도 있다고 말을 돌린다. 당글라르 부인은 신음 소리를 내며 기절한다. (그녀는 이 방에서 베네데토, 즉 안드레아 카발칸티를 낳았고, 빌포르는 생매장하려고 아이를 빼앗아갔다.) 빌포르는 당글라르 부인이 몸이 좋지 않으니 마차로 모셔야 한다고 소리친다.

그러나 몽테크리스토가 당글라르 부인을 다른 방으로 데려가 빨간 액체를 한 방울 먹이자 의식을 회복한다. 그런 후에 그는 손님들에게 이 집에서 실제로 범죄가 일어났고, 일꾼 중의 한 사람이 땅에 묻힌 나무상자를 파냈는데, 거기엔 갓난아기의 유해가 들어 있었다고 말한다. 당글라르 부인과 빌포르는 눈에 띄게 몸을 떤다. 카발칸티는 자기 나라에서는 그런 범죄자들은 교수형에 처한다고 말한다. 빌포르가 모기만한 소리로 간신히 뭐라고 웅얼거린다. 몽테크리스토는 손님들에게 다시 커피를 마시러 가자고 말한다. 빌포르는 당글라르 부인에게 내일 자기 사무실에서 만나자고 귓속말을 한다.

잠시 후 손님들이 떠나기 시작한다. 안드레아가 막 마차에 올라타려고 할 때 턱수염을 기르고 누더기 옷을 입은 남자가 막아선다. 늑대처럼 눈은 번쩍이고, 날카롭고 하얀 이를 드러낸 그는 다름 아닌 카데루스다. 그는 안드레아를 베네데토라고 부른다. 안드레아는 재빨리 카데루스를 마차 안으로 데려가고, 마부에게는 두 사람만 있고 싶다고 말한다. 안드레아가 마차를 모는 동안 카데루스는 감옥에서는 자기가 안드레아에게 수프와 콩을 나눠주었으니, 이제는 안드레아가 그렇게 해줘야겠다고 말한다. 더구나 카데루스는 지금 당장 돈이 필요하다고 한다. 안드레아는 돈을 건네면서 한편으로는 권총에 손을 대고 있다. 카데루스도 스페인식 장검을 만지작거리고 있다. 무승부. 안드레아는 카데루스를 파리로 데려다 주겠

다고 한다. 시내의 외곽에 다다르자, 카데루스는 안드레아의 모자와 마부의 코트를 움켜쥐고는 마차에서 뛰어내려 골목으로 사라진다.

당글라르 부부가 집에 도착하고, 드브레가 당글라르 부인을 위로하려고 한다. 그러나 당글라르는 갑자기 드브레를 집으로 보낸다. 아내의 투기로 생긴 빚에 관해 소리를 지르려고 하는 것이다. 당글라르도 돈을 상당히 잃었다. 당글라르는 아내가 '용돈'으로 투기 놀음을 해서 이익금을 드브레와 나누는 것을 알고 있다. 당글라르는 잃은 액수만큼 드브레에게서 돈을 받아내려 한다. 그는 노골적으로 드브레를 아내의 정부라고 지칭하며, 아내가 그에게서 엉터리 투자 조언을 받았다고 비난한다. 하지만 그도 그 조언을 받아들였다. 당글라르가 말을 잇는다. 빌포르부터 드브레까지 아내의 애인을 모두 알고 있었지만 한 번도 뭐라고 한 적은 없다, 그들로 인해 돈을 잃은 적은 없었기 때문이다. 하지만 지금은 드브레 때문에 엄청난 돈을 잃어서 가만히 있을 수가 없다. 드브레는 그 돈을 갚아야 하고, 빈털터리가 되면 다른 사람들처럼 파리를 떠나면 된다. 당글라르가 나가자 아내는 갑자기 닥쳐온 모든 재난에 얼이 빠져 푹 고꾸라진다.

다음날, 당글라르는 평소와 달리 드브레의 마차가 오지 않은 것을 알게 된다. 그리고 '우연의 일치'로 아내가 마차를 타고 떠나는 것을 본다. 이른 오후에 당글라르는 샹젤리제에 있는 몽테크리스토의 집을 향해 마차를 몬다. 당글라르는 몽테크리스토에게 최근의 잇따른 큰 손실에 대해서 이야기하고는 새로운 문제, 즉 쟈코포의 대출 요청을 어떻게 처리하면 좋을지 묻는다. 백작은 화제를 바꾼다. 안드레아 카발칸티란 젊은이가 파리에 왔는데, 엄청난 재산을 함께 향유할 아내를 찾는다는 것이다. 당글라르는, 딸 위제니가 '비공식적으로' 알베르와 약혼하지 않았다면, 기꺼이 딸의 미래를 그 젊은이에게 걸겠다는 암시를 던진다. 그러자 백작이 알베르의 아버지 페르낭의 과거에 대해 묻는다. 당글라르는 '알리 파샤 사건'에 관한 어둡고 수수께끼 같은 '비밀'에 얽힌 기억을 더듬는다. 백작은 당글라르에게 그 이상한 사건을 자세히 밝히라고 재촉한다. 페르낭이 위제니의 시아버지가 될지도 모른다면 특히 알아내야 한다고 말한다. 당글라르는 그 말을 받아들이면서, '뭔가 수치스러운 일'을 알아내면 말해 주겠다고 약속한다.

　　소설의 중간에 해당하는 이 장들에서는 여러 가지 사건이 일어난다. 처음 두 장에서는 백작과 '노예'인 헤이데의 관계에 대한 이야기가 펼쳐진다. 백작은 딸을 아끼듯 헤이데에게 깊은 애정을 쏟고 있으며, 헤이데는 백작을 남자로 사랑하면서 헌신한다. 또한 그는 선박주 모렐의 장성한 자녀들을 찾아간다. 맥시밀리엥과 쥘리는 비밀리에 자기들을 도와준 사람이 누구인지 알고 싶어하며, 아버지는 그 사람이 에드몽 당테스라고 믿으며 죽었다는 얘기를 백작에게 한다.

　　다음에 빌포르의 집을 방문한 그는 아내와 아들의 '생명을 구한 은인'으로 대접을 받는다. 그는 빌포르 부인에게 예전에 이탈리아의 페루기아에서 호텔 주인과 하인의 병을 치료할 때 만난 적이 있다고 기억을 일깨운다. 그리고는 약초에 대한 지식, 특히 독초에 관해 많이 알고 있다고 한다. 약 한 방울로 그녀의 아들을 살렸지만, 몇 방울 더 먹였더라면 죽었을 것이라고 백작이 설명하는 동안, 빌포르 부인은 이상할 정도로 호기심을 보이더니 그 약을 좀 달라고 부탁한다. 이 이야기 말미에 백작은 이렇게 혼잣말을 한다. "내가 뿌린 씨앗이 황무지에 떨어지지는 않았구나." 이것도 모두 서서히 고통을 주려는 복수의 일환으로 준비하는 과정이다. 빌포르 부인은 나중에 세 사람을 독살하고, 의붓딸마저 독살하려 하지만 실패한다.

베네데토를 끌어들이면서 백작의 복수 계획은 더욱 복잡해진다. 백작은 베네데토에게 돈을 주어 이탈리아 귀족의 아들로 안드레아 카발칸티라는 이름의 갑부 행세를 하게 만든다. 당글라르 남작이 딸 위제니를 베네데토에게 시집보내도록 하려는 것이다.

백작의 은인인 모렐의 아들 맥시밀리엥과 철천지원수인 빌포르의 딸 발렌틴은 사랑하는 사이다. 그리고 맥시밀리엥은 백작이 자기를 아주 좋아하는 것을 느끼지만, 발렌틴은 백작이 자기를 무시한다고 느끼기 때문에 별로 좋은 감정이 아니다. 두 사람이 느끼는 감정은 모두 사실이다. 백작은 발렌틴에 대해 아무런 흥미가 없었지만 맥시밀리엥이 깊이 사랑하고 있다는 것을 알고는 적극적으로 그녀를 돕는다.

누와티에르 씨도 처음으로 모습을 드러낸다. 에드몽 당테스는 나폴레옹의 편지를 그에게 전달하려다 빌포르에게 체포되었던 것이다. 세월이 흘러, 누와티에르는 사랑하는 손녀딸이 프란츠 데피네이와 강제로 결혼하게 된다는 것을 알고 깜짝 놀란다. 정치적인 문제로 결투하다 프란츠의 아버지를 죽인 사람이 바로 누와티에르였기 때문이다. 누와티에르는 발렌틴이 재산 때문에 빌포르의 아내에게 이용당하고 있다는 것을 알게 된다. 따라서 손녀딸을 보호하기 위해 발렌틴을 재산 상속의 대상에서 제외하려고 결심한다. 이내 노인의 우려가 모두 사실임이 드러난다. 빌포르 부인이 발렌틴을 독살하고,

발렌틴의 유산이 모두 아버지에게 돌아갔다가 결국 아들에게
가도록 흉계를 꾸미기 때문이다.

　　낭만주의 소설에는 우연의 일치가 많다. 그러므로 다시
나타난 카데루스가 베네데토와 같은 감방에 있었다는 사실에
놀라면 안 된다. 이런 인연 때문에 카데루스는 죽게 된다. 지
나친 탐욕이 화를 부른 것이다.

　　백작은 원수들에게 서서히 고통을 주면서 응징하려는
계획을 계속 진행시킨다. 그래서 오테이유의 저택에서 빌포르
와 당글라르 부인이 벌인 짓을 모두 알고, 그곳에서 파티를 열
어 고통을 안겨준다. 독자들은 이런 식의 복수에 대해 남작 부
인과 빌포르를 동정할 수도 있지만, 두 사람이 사생아를 낳고
는 생매장하려 했다는 사실을 잊으면 안 된다.

　　백작은 또한 당글라르를 재정적으로 파탄시키려고 덫
을 놓는다. 쟈코포를 시켜 당글라르에게서 돈을 빌리도록 하
고는 제대로 갚아 신용을 쌓은 다음, 백만 프랑을 빌려 잠적케
하는 것이다. 이 장면의 후반부에서 백작은 그리스의 야니니
전투에서 모르세프가 보인 미심쩍은 행동에 대한 조사 방법을
당글라르에게 일러준다. 모르세프는 이 전투를 통해 엄청난
부와 권력을 얻었다. 이런 여러 가지 방법을 동원해 백작은 원
수들을 함정에 빠뜨릴 준비를 착착 진행시킨다.

Chapters 39-44

계속되는 독살

당글라르는 아내가 드브레를 대동하지 않은 채 마차로 외출하는 모습을 봤을 때, 옛 애인 빌포르를 만나러 가는 길이라고는 꿈에도 생각하지 않았다. 당글라르 부인도 빌포르가 그렇게 끔찍한 이야기를 하리라고는 전혀 예상하지 못했다. 빌포르는 단도직입적으로 둘 다 엄청나게 어려운 처지에 빠졌다고 하면서, 정원에서 아기 유해가 발굴되었다는 몬테크리스토의 말을 상기시킨다. 그렇지만 그런 일은 불가능했을 것이다. 갓

난아기를 땅에 묻고 있을 때 한 코르시카인이 칼로 자기를 찌르고는 죽을 줄 알고 내버려두고 갔다는 것이다. 그 후에 빌포르는 3개월 동안 몹시 아팠고, 다닐 수 있게 되자 오테이유로 돌아와 정원을 전부 파헤쳐 상자를 찾았지만 상자도, 아이의 유해도 없었다. 누군가가 그것을 찾았으며, 두 사람 모두에게 그 죄값을 치르게 하려고 지금 기다리고 있는 중이다.

당글라르 부인이 비명을 지른다. "당신이 내 아이를 생매장했군요!" 빌포르는 이런 식의 비난을 극도로 싫어해서 당글라르 부인을 위협하려고 한다. 어쩌면 당글라르 부인이 잠꼬대를 했을지도 모르기 때문에 이렇게 알려진 것이 아니냐는 식이다. 현재 이들이 겪고 있는 곤경이 무슨 이유인지는 몰라도, 지금 누군가가 두 사람에 대해 알고 있는 것이다. "우린 망했어." 빌포르의 말이다. 그러나 그는 몽테크리스토가 누구인지, 실제로는 그렇지도 않으면서 왜 아기의 유해를 '우연히' 파냈다고 거짓말을 했는지, 밝혀내겠다고 맹세한다.

빌포르 부인과 발렌틴이 댄스 파티장으로 떠난 후에 빌포르는 서재에 틀어박힌다. 그러나 서류에 손을 대기 전에 예전 장모가 찾아온다. 남편 생메랑이 방금 세상을 떠났다는 것이다. 노부인은 완전히 넋이 나가서 빌포르가 침대에 눕히자 잠이 든다. 잠을 깬 장모는 곧 있을 발렌틴의 결혼에 대해 자세히 묻더니 프란츠가 열렬한 나폴레옹 추종자 손녀와의 결혼을 반대하지 않는다는 얘기에 놀라면서, 나폴레옹이 유형지인 엘바 섬에서 돌아오기 불과 며칠 전에 프란츠의 아버지가 암살되었다고 말한다. 빌포르는 노부인의 걱정을 일축하려 하고, 당시에는 프란츠가 '어린애에 불과했다'고 대꾸한다. 그녀는 될 수 있는 대로 빨리 결혼시키라고 재촉한다. 그러면서 자기는 곧 죽을 게 분명하다고 말한다. 어젯밤에 하얀 '형체'가 자신의 오렌지에이드 잔을 만지작거리더라는 것이다. 그녀는 갑자기 그 잔을 내놓으라고 하더니 천천히 한 번에 들이킨다. 한 시간 후에 노부인은 죽는다.

빌포르는 의사의 질문에 대답하면서 신경질을 낸다. 의사 말처럼, 노부인이 독살 당했을 리가 없다는 것이다. 도대체 누가 그런 짓을 하겠는가? 노부인의 상속자는 발렌틴밖에 없는데, 살인 같은 짓을 저지를 인물이 전혀 아니다. 그러나 의사는 이것은 살인사건일 뿐만 아니라, 사용된 독약은 브루신이 틀림없다고 확신한다. 브루신은 자기가 빌포르의 아버지에게 아주 조금씩 처방한 빨간 액체인데, 한 방울을 사용하면 약이 되지만, 여러 방울을 사용하면 치명적인 독약이 된다는 것이다.

한편, 발렌틴은 사랑하는 맥시밀리엥을 누와티에르 노인에게 데리고 간다. 노인은 그를 발렌틴의 남편감으로 받아들이고, 애정의 도피 행각을 벌이지 말고 기다리라는 뜻을 전한다. 자신에게 계획이 있다는 것이다.

이틀 후, 생메랑 부부는 지하 묘소에 있는 르네(발렌틴의 어머니) 옆에 안치된다. 빌포르는 딸과 프란츠 데피네이의 결혼을 서두른다. 결혼 서류에 서명할 준비가 갖춰졌을 때, 누와티에르 노인에게서 전갈이 온다. 즉시 프란츠를 보고 싶다는 것이다. 프란츠, 발렌틴, 빌포르가 노인의 방으로 서둘러 간다. 그리고 노인의 눈짓에 따라 그의 책상에서 까만 리본으로 묶은 오래된 비밀 서류 뭉치를 가져오자 노인은 프란츠에게 그것을 읽으라고 한다.

프란츠는 그 서류가 자기 아버지가 암살된 바로 그 날짜의 것이라는 사실에 비명을 지른다. 프란츠가 읽어내려 간다. 루이 18세 치하 때 나폴레옹 추종자들로 구성된 비밀 조직이 있었는데, 공교롭게 프란츠의 아버지가 비밀 나폴레옹당원으로 잘못 알려졌다. 어느 날 프란츠의 아버지는 눈이 가려져 나폴레옹당원들의 비밀 회합에 참석한다. 그 자리에서 논의

된 의제에는 나폴레옹의 귀환과 파라옹 호를 통해 전달되는 어떤 편지에
관한 언급도 있었다.

왕정 전복 계획을 더 이상 듣고 있을 수가 없었던 프란츠의 아버지는
루이 왕에게 충성할 것이며, 나폴레옹에게는 충성하지 않겠다고 외쳤다.
그러자 사람들은 누와티에르와의 공명정대한 결투를 강요하고, 그 결과
누와티에르에게 목숨을 잃었던 것이다. 결국 데피네이는 암살된 것이 아
니다.

프란츠는 기운이 빠져 의자에 털썩 주저앉는다. 약혼자의 할아버지
가 자기 아버지를 죽이다니! 빌포르는 말 못하는 아버지를 목 졸라 죽이고
픈 충동을 억제하느라 문을 열고 뛰쳐나간다. 발렌틴이 부유한 프란츠 데
피네이와 결혼할 수 있는 기회를 아버지가 방금 망쳐놓은 것이다.

너무나 기쁘기도 하고 겁도 난 발렌틴은 할아버지에게 입을 맞추고
는 맥시밀리엥에게 방금 있었던 일을 말해 주러 철제 장식 대문으로 간다.
"우린 이제 살았어." 이렇게 말한 발렌틴은 자세한 이야기는 그의 아내가
된 후에 해주겠다고 한다.

다음날 누와티에르 씨는 유언장을 새로 만들어 전 재산을 발렌틴에
게 상속한다. 발렌틴은 연간 30만 프랑을 받는 엄청난 부자가 될 것이다.

한편, 발렌틴이 맥시밀리엥과 결혼할 준비를 하는 동안, 결혼 약속
하나가 깨지고 있다. 모르세프(페르낭)가 자기 아들과 위제니 당글라르의
결혼 문제를 상의하러 당글라르를 찾아온다. 당글라르는 '새로운 상황이
발생해' 위제니는 알베르와 결혼하지 않을 것이라고 말한다. 모르세프는
오만한 당글라르의 말에 자존심을 지키려고 입술만 깨물다가 이유를 설
명해 달라고 한다. "내가 설명하지 않는 것을 감사하게 생각하시게."

잠깐 동안 맥시밀리엥은 아주 행복한 남자가 된다. 발렌틴을 너무 사

랑하기 때문에 지금의 행복이 믿기지 않을 정도다. 특히 발렌틴이 앞으로의 계획에 관해 자세히 말하는 것을 들을 때는 더욱 그렇다. 할아버지가 맥시밀리엥과의 결합을 축복해 주었으며, 18개월 후에는 법적으로 성년이 되기 때문에 맥시밀리엥과 결혼할 수 있다.

바로 그때 발렌틴은 할아버지의 나이든 하인 바루와가 아주 지친 표정으로 뒤에 서 있는 것을 알게 된다. 발렌틴은 할아버지의 음료가 놓여 있는 쟁반에서 레모네이드 잔을 건넨다. 감사하며 잔을 비운 바루와는 잠시 후에 비틀거리며, 얼굴에는 심한 경련이 일어난다. "의사를 불러." 발렌틴이 외친다. 다브리니가 곧 달려온다. 바루와는 잠시 회복되었다가 더욱 심한 발작을 일으킨다. 의사 다브리니는 그가 누와티에르를 위해 준비한 레모네이드를 마신 것을 알아낸다. 바루와가 소리를 크게 지르며 쓰러져 죽는다. 다브리니는 빌포르에게 생메랑도 갑자기 죽었고, 더구나 생메랑 부인은 브루신으로 독살 당했으며, 방금 바루와를 죽게 만든 독약도 같은 것이라는 점을 상기시킨다. 빌포르는 비명을 지른다. 다브리니는 브루신 중독 증상에 대해 잘 안다고 말하고, 색종이 테스트로 브루신이 사용되었음을 증명한다.

"내 집에서 사람이 죽다니!" 빌포르가 신음한다. 다브리니가 그의 말을 바로잡는다. "당신네 집에서 살인사건이 일어난 겁니다." 그리고 누와티에르는 브루신을 점진적으로 조금씩 늘려 복용한 셈이어서 죽지 않았을 뿐이라고 말한다. 우연히 면역성이 생겼다는 것이다. 이어서 독약은 분명히 누와티에르를 겨냥했고, 레모네이드를 준비한 사람도, 누와티에르가 죽으면 재산을 모두 차지하는 사람도 발렌틴이므로 모든 증거가 그녀의 짓임을 말해 준다고 믿는다.

빌포르는 의사에게 크게 화를 내지만, 그는 자기 의견을 조금도 굽히지 않는다. 의사는 빌포르 가에서 발을 빼고 싶을 뿐이다. 만약 빌포르가 집에다 범죄자나 살인자를 숨겨둔다면 자신은 그 집안과 더 이상 관계를 가지고 싶지 않다. 그는 빌포르에게 마지막 작별을 고한다.

이 부분에서는 함정에 빠진 원수들이 문제를 해결하려고 몸부림치는 과정에서 더욱 깊숙한 함정에 빠져들고 있다. 당글라르 부인은 자신들이 지은 죄에 대한 공포를 조금이라도 덜려고 빌포르를 찾아가지만 그는 더욱 불안해 한다. 백작이 실제로 아기 유해를 발견했던 것이 아니란 사실을 알고 있기 때문이다. 칼에 찔린 상처가 회복되자 빌포르는 정원을 샅샅이 파헤쳐 보았지만 아기의 관이나 뼈는 발견되지 않았다. 그래서 그 아이가 이 세상 어딘가에 살아 있을 것이라는 불안을 항상 가슴 한 구석에 갖고 있었다. 당글라르 부인은, 빌포르가 자신이 낳은 아이를 생매장할 정도로 비열한 인간이란 사실에 경악한다.

생메랑 부인과 바루와가 빌포르의 눈앞에서 죽자 집안에 사악한 기운이 감돌고 있다는 사실이 명확해진다. 의사는 두 사람 모두 브루신이란 독약으로 죽었다고 판단한다. 이 독약은 전에 몽테크리스토가 빌포르 부인의 청에 따라 보내주었던 것이다. 발렌틴이 할아버지에게 갖다준 음료수에 이 독약이 들어 있었고, 우연히 이것을 마신 바루와가 죽었다. 따라서 의사는 이 독약은 누와티에르를 겨냥한 것으로, 발렌틴이 외가와 친가 조부모의 재산을 상속받으려고 독살했다고 믿는다. 의사의 말을 들은 빌포르는 엄청난 충격과 슬픔에 잠긴다. 그러나 이런 것은 에드몽 당테스가 14년 동안 겪은 고통에 비하면 아무것도 아니다.

발렌틴은 맥시밀리엥을 사랑하지만, 공식적으로는 프란츠 데피네이와 약혼한 상태이기 때문에 파혼하려면 합당한 이유가 있어야 한다. 그래서 누와티에르는 1815년에 작성된 서류를 공표하면서, 정치적인 성향의 차이 때문에 명예로운 결투를 해서 프란츠의 아버지를 죽인 사람이 자기라고 밝힌다. 프란츠가 보낸 파혼 편지는 빌포르에게는 또 하나의 고통이 된다. 서서히 고통을 주겠다는 몽테크리스토의 계획이 제대로 진행되고 있는 것이다.

Chapters 45, 46

 ### 카데루스, 죄의 대가를 치르다

호텔로 돌아온 안드레아 카발칸티는 카데루스가 그를 찾아왔다는 것을 알게 된다. 더구나 카데루스는 '용돈'을 거부했다. 안드레아는 카데루스가 남긴 편지를 읽으며, 그가 말썽을 일으키지나 않을까 불안해 한다. 그 불안감은 적중했다. 카데루스가 안드레아를 즉시 보자고 한다. 안드레아는 변장을 하고 곧장 카데루스의 방으로 간다.

카데루스가 돈을 더 내놓으라고 하자, 안드레아는 거절한다. 카데루스는, 안드레아가 원하기만 한다면 후원자인 백작에게서 쉽사리 돈을 더 얻어낼 수 있을 것이라고 말한다. 그러다가 갑자기 영감을 얻은 카데루스는 샹젤리제 가에 있는 집에 관해 자세히 묻고, 안드레아는 일일이 대답해 준다. 몽테크리스토의 집을 털려고 하는 것이 분명하다.

다음날, 몽테크리스토는 집에 도둑이 들 것이며, 특히 침실 옆, 옷을 갈아입는 화장실의 책상을 노린다는 편지를 받는다. 그 편지는 이 자는 단순한 도둑이 아니라 백작의 '적'이라는 말로 끝맺고 있다. 몽테크리스토는 호기심이 발동해 덫을 놓는다.

몽테크리스토는 샹젤리제의 집에서 일하는 사람들을 모두 오테이유의 집으로 보내고는 현재 상태를 유지하면서 1층의 셔터만 닫아두라고 한다. 모든 조치를 마친 몽테크리스토와 알리는 옆문을 통해 몽테크리스토의 침실로 올라가 기다린다. 9시 반이다. 12시 15분 전, 희미한 소리가

들린다. 그 소리가 다시 한 번, 또 한 번 나더니 다이아몬드로 유리창의
네 면을 절단하는 소리가 들린다. (이 다이아몬드는 카데루스가 안드레아
를 속여 빼앗은 반지에서 나온 것이다.)

　몽테크리스토가 알리에게 신호를 하자 캄캄한 암흑 속에서 어떤 사
내가 열린 창문으로 들어오는 것이 보인다. 알리가 백작의 어깨를 건드린
다. 바깥에서는 또 다른 사내가 말을 매는 기둥으로 올라가 망을 보고 있
다. 한편, 도둑은 찬찬히 작업을 하고 있다. 우선, '나이팅게일'(여러 종류

의 열쇠 묶음)로 책상을 열려고 한다. 맞는 열쇠가 없자, 카데루스는 희미한 불을 켠다. 몽테크리스토는 자기 눈을 믿을 수 없을 정도다. 알리에게 무기를 사용하지 말라고 손짓 한 다음, 재빨리 부소니 신부로 변장을 하고는 촛불을 켜들고 방안으로 들어선다. "안녕하신가, 카데루스 씨."

카데루스는 말을 잊는다. 신부는 의아해 하며 백작의 집을 털려는 이유를 묻는다. 감옥에서 배운 게 하나도 없다는 건가? 카데루스가 조금도 변하지 않은 것이 분명하다고 신부는 말한다. 살인자였던 예전 그대로라는 것이다. 알다시피 카데루스는 다이아몬드를 다시 차지하려고 보석상을 죽였다. 언제나 더 많이 가지려는 욕심 때문이라고 신부는 말한다. 지금은 부자를 털러 집에 몰래 침입한 것이다.

"가난 때문입니다." 카데루스가 숨을 헐떡이며 말한다. "가난 때문에 이렇게 되었습니다." 그렇지 않다. 가난 때문에 다이아몬드로 유리창을 자르지는 않는다는 것이다. 카데루스가 자비를 베풀어달라고 애원하자 신부는 진실을 얘기하면 그러마고 말한다. 카데루스는 감옥에서 지낸 일을 얘기하기 시작한다. 그러나 베네데토와의 관계부터는 거짓말을 하기 시작한다. 신부는 파리 사교계를 속이는 데 안드레아의 역할이 무엇인지 추궁하면서, 그 사기행각을 밝히겠다고 말한다. 카데루스는 겁에 질린다. 그렇게 되면, 카데루스는 돈을 더 받지 못하게 된다.

칼을 꺼낸 카데루스가 신부에게 달려들어 가슴 한가운데를 찌르지만 칼끝이 부러진 채 튕겨 나온다. 신부가 사태를 파악하고 미리 철제 조끼를 입고 있었던 것이다. 몽테크리스토는 카데루스의 팔을 비틀어, 안드레아의 정체를 폭로하는 편지를 당글라르 앞으로 쓰게 한 다음, 놓아준다. 창문을 통해 도주하던 카데루스는 세 차례 칼에 찔리자 아무 소리도 내지 못하고 땅바닥에 고꾸라진다.

고통스러워하며 팔꿈치를 땅에 대고 천천히 몸을 일으킨 카데루스는 신부를 소리쳐 부른다. 몽테크리스토가 다가와 편지를 한 통 더 쓰라고 한다. 자기를 찌른 사람이 베네데토라고 지목하는 편지다. 편지를 쓰고 난 카데루스는 신부를 보며, 베네데토가 자기를 찌르도록 내버려두었다고 비난한다. 백작은 자기가 아니라, '신의 정의가 베네데토의 손을 빌린' 것이라고 말한다. 신께서 건강, 훌륭한 일자리, 좋은 친구들을 주었지만, 게으름 피우고 술을 마시느라 모두 낭비한 것이라고.

"내겐 신부가 아니라 의사가 필요해!" "신께서 큰 다이아몬드를 주셨지만, 자네는 그것을 두 배로 불리려고 살인을 저질렀어. 감옥 역시 내가 직접 넣어준 줄칼로 탈옥해서 새로운 인생을 살 수 있는 기회를 가졌지. 그러나 자유의 몸이 되자 베네데토를 협박했고, 몽테크리스토의 집을 털려고 했어. 그리고는 나를 죽이려고 들었지!"

백작이 회개하라고 재촉하지만 거절당하자 변장한 것을 벗고는 똑바로 보라고 말한다. "이런 세상에! 신이여, 저를 용서하소서!"

10분 후에 고인의 명복을 비는 부소니 신부의 모습이 보인다.

카데루스는 매우 탐욕스러운 인간이며, 백작은 새로운 인생을 시작하도록 여러 차례 기회를 주었다. 그러나 그는 욕심이 너무나 컸기 때문에 베네데토가 감옥에 있었고 백작을 속이고 있다는 사실을 이용해 백작의 집에 접근하려고 한다.

그러나 베네데토도 카데루스에 뒤지지 않는 범죄자다.

카데루스에게 백작의 집 평면도를 알려줘 은혜를 원수로 갚는 한편, 카데루스의 침입 사실을 백작에게 알린다. 게다가 카데루스의 뒤를 밟아 백작의 집으로 와서는 도망치는 감방 동료를 칼로 찌른다.

카데루스가 은인인 신부에게 달려들어 죽이려고 하자, 백작은 그에게는 희망이 없다고 판단한다. 전에도 밝혔지만, 백작은 신의 섭리를 대행해 보상과 처벌을 내리고 싶어한다. 그는 카데루스가 도망치도록 내버려둔다. 모든 것을 신의 섭리에 맡기는 것이다. "나는 신이 바라시는 대로 되기를 원한다. 집에 무사히 도착하면 파리를 떠나고, 프랑스에서도 떠나. 어디에 있든지 정직하게 살아간다면, 매년 적은 돈이나마 주겠다. 왜냐하면 네가 집에 무사히 도착했기 때문이야. 신께서 너를 용서하셨기 때문에 나도 너를 용서하는 것이다."

카데루스가 도주 전에 당글라르에게 쓴 편지는 백작의 원수에게 엄청난 고통을 주게 될 것이다. 그리고 칼에 찔린 카데루스에게 자기를 찌른 자가 베네데토라는 사실을 밝히는 편지를 쓰게 함으로써 또 한 명의 원수를 함정에 빠뜨린다.

몽테크리스토는 카데루스가 죽기 전에 에드몽 당테스라고 정체를 밝힌다. 카데루스는 마침내 몽테크리스토를 이 세상의 누구보다 위대한 구세주로 보게 된다. "당신은 하늘나라에 있는 인간들의 아버지시며, 지상에 있는 인간들의 심판관입니다. 저는 너무 오랫동안 당신을 인정하지 않았습니다.

신이여, 저를 용서하소서." 카데루스는 신의 섭리를 대행하는 사람에게서 나오는 광채를 백작에게서 본 것 같다.

Chapters 47 - 54

모르세프의 자살

어느 날 오전, 알베르와 기자 보샹이 몽테크리스토를 찾아온다. 이내 알베르의 기분이 좋지 않다는 것을 알아차린 백작은 노르망디의 새 저택으로 초대한다. 거기서 알베르는 다시 한 번 백작과 저택에 경탄을 금치 못한다. 그는 바다가 내려다보이는 테라스에서 만(灣)에 당당하게 닻을 내린 몽테크리스토의 요트를 보게 된다. 그날 밤, 알베르는 해변에 부서지는 파도 소리를 자장가 삼아 잠이 든다.

다음날, 꿩 12마리와 송어를 많이 잡고 나자 알베르의 목가적인 시간은 갑작스럽게 끝나버린다. 알베르의 시종이 아주 급박한 편지를 가지고 파리에서 숨 가쁘게 노르망디로 온 것이다. 너무 먼 거리를 서둘러 왔기 때문에 시종은 완전히 탈진 상태다. 처음 몇 줄을 읽은 알베르는 거의 실신할 지경에 이른다. 몽테크리스토가 마치 전지전능한 신처럼 중얼거린다. "아버지의 죄가 그 아들에게 그림자를 드리우는도다." 백작의 혜안은 신비스러울 정도다. 알베르의 아버지의 정체가 파리 신문에 밝혀졌을 뿐만 아니라, 오래 전에 페르낭(모르세프)이 알리 파샤의 성채를 방어하기는커녕 터키인들에게 팔아넘겼다는 사실이 드러난 것이다. (독자들은 나중에 페르낭이 알리 파샤를 배신하고 암살했다는 것을 알게 된다.) 이 기사는 프랑스 의회 의원인 모르세프 '백작'(돈을 주고 산 작위)이 배반자이자 사기꾼이라는 것을 시사하고 있다. 알베르는 곧 파리로 떠난다. 그는,

아버지가 매우 유명한 공인이기 때문에 곧 이 추문으로 '전 유럽이 떠들 썩하게 될 것'이 두려워진다. 알베르의 판단은 옳았다.

한편, 알베르의 아버지는 자신의 기사가 방금 세상에 알려졌다는 사실을 꿈에도 모른 채 의사당에 출석한다. 곧 동료 의원이 알리 파샤의 암살 사건과 그 사건에서 페르낭 몬데고(모르세프의 본명) 대령이 어떤 역할을 했는지에 관해 토론하자며 회의를 시작한다. 모르세프는 얼굴이 창백해지고 온 몸을 덜덜 떤다. 즉시 조사가 만장일치로 가결되고, 그날 저녁 모르세프는 12인 위원회에 출석한다. 페르낭은, 알리 파샤가 자기를 가장 신임해서 비밀을 털어놓았고, 그를 지켜주려 했으나 시체를 발견했고, 아내와 딸은 사라졌다는 것을 알게 되었을 뿐이므로 배반자란 비난은 엄청난 잘못이라고 변호하면서 익명으로 자기 명예를 더럽힌 자에 대해 분개를 금치 못한다고 덧붙인다.

위원회는 모르세프의 혐의를 입증할 증인을 채택한다. 몽테크리스토의 노예 헤이데가 증거로 자신의 출생증명서와 '매매 인증서'를 제시한다. 자기는 알리 파샤의 딸인데, 아버지가 암살당한 후 페르낭이 노예상인에게 팔았다고 하면서, 마침내 아버지 살인범에게 복수할 기회를 잡았다고 말한다. 헤이데는 아버지 암살자는 오른손에 큰 상처가 있다고 말하며, 모르세프를 지적한다. 모르세프는 서둘러 손을 감추고는 절망감에 휩싸여 의자에 털썩 주저앉았다가는 코트를 확 열어 제치고 회의실에서 도망친다. 위원회는 모르세프에게 중죄, 반역 및 파렴치죄로 유죄를 선고한다.

유죄 선고 소식을 들은 알베르는 아버지를 '능멸한 자를 찾아내겠다' 고 맹세한다. 기자인 보상은 당글라르가 최근 중동 '특파원'에게 알리 파샤와 관련된 배신행위에 대해 물어본 적이 있다고 말해 준다. 알베르는 몹시 분개하며, 결투를 해서 '오늘이 가기 전에 둘 중 하나가 죽게 될 것'

이라고 말한다.

알베르와 대면한 당글라르는 처음에는 두려움으로 위축되지만, 터무니없는 이유로 화를 내고 있다는 것을 알고는 책임을 교묘하게 몽테크리스토에게 떠넘긴다. 몽테크리스토의 지시로 '알리 파샤 사건'을 조사했고, 곧장 그에게 보고했다는 것이다. 당글라르가 '도구'에 불과하다고 생각한 알베르는 당장 몽테크리스토에게 가서 그 일을 따지겠다고 맹세한다.

알베르가 백작을 찾아가지만 집에 없다. 대신, 그날 밤 백작이 오페라를 관람할 계획이란 말을 듣게 된 알베르는 프란츠, 드브레, 맥시밀레엥에게 그곳에서 만나자고 전갈을 보낸다. 그들을 증인으로 삼을 생각인 것이다. 그리고는 어머니(메르세데스)에게 몽테크리스토에 대해 묻는다. 그녀는 아들의 말이 믿기지 않아 오페라에 가지 말고 함께 있자고 애원하지만 말을 듣지 않는다.

몽테크리스토는 늦게 도착하지만, 알베르는 그가 들어오는 것을 본다. 알베르는 중간 휴식시간에 몽테크리스토의 박스석으로 달려가 백작을 위협하며, 소란을 피운다. 몽테크리스토는 의연하게 그가 결투를 원한다면 응하겠다고 한다. 백작은 맥시밀리엥에게 내일 알베르를 죽이겠다고 약속하고는 편안하게 오페라를 즐긴다.

메르세데스는 몽테크리스토를 찾아가 아들을 죽이지 말라고 애원한다. 이때 몽테크리스토가 에드몽 당테스라는 것을 메르세데스는 알고 있다는 점이 명확해진다. 백작은 그 청을 거절하면서, 페르낭이 자기를 14년간이나 감옥 생활을 하게 만든 악한이라고 밝힌다. 그녀가 '아직도 (자기가) 사랑하는 사람이' 자기 아들을 죽이는 살인자는 되지 말라고 애원한다. 마침내 몽테크리스토는 그러마고 하면서, 대신 알베르에게 죽겠다고 말한다. 메르세데스는 그 말에 감사하며 떠난다. 백작은 자신의 죽음

에는 무관심한 것 같은 메르세데스의 태도에 곤혹스러워하면서 원수를 갚겠다고 맹세한 날을 저주한다.

다음날 아침, 몽테크리스토의 입회인인 맥시밀리엥과 쥘리 모렐의 남편 에마뉘엘이 도착한다. 이들은 백작이 '도전을 받은 쪽'이므로 먼저 쏘게 된다고 말한다. 맥시밀리엥이 몽테크리스토의 사격 솜씨를 걱정하자 백작은 카드의 다이아몬드 에이스를 판자에 붙이고는 중앙에 있는 다이아몬드의 네 귀퉁이를 쏜다. 맥시밀리엥은 알베르에게 자비를 베풀어 달라고 외친다. 백작은 흔들림 없이 맥시밀리엥에게 방금 사격 솜씨를 봤겠지만, 죽어 나가는 것은 알베르가 아니라 자기가 될 것이라고 말한다.

세 사람이 약속 시간에 맞춰 결투 장소에 도착할 때 알베르를 태운 말이 전속력으로 달려온다. 말에서 뛰어내린 그는 증인들 앞에서 자기 행동에 대해 사죄한다. 아버지가 알리 파샤를 배반했고, 더더욱 에드몽 당테스를 배반했다는 것을 알게 되었으며, 아버지의 엄청난 죄에 더 이상 고통스러운 보복을 가하지 않는 몽테크리스토에게 감사할 따름이란 것이다.

몬테크리스토는 메르세데스가 아들에게 모든 이야기를 털어놓았다는 것을 알게 된다. 백작이 알베르를 죽이지 않겠다고 약속하면 사실을 밝히려고 했던 것이 분명하다. 알베르가 사죄하고, 두 사람은 악수를 나눈다. 알베르는 집으로 돌아가 짐을 싸는데, 그 속에는 어부 복장을 한 어머니 초상화도 들어 있다. 알베르는 어머니 역시 짐을 싸고 있는 것을 알게 되자 놀란다. 두 사람은 과거와 완전히 단절하겠다고 맹세한다. 메르세데스는 알베르에게 모르세프라는 성을 쓰지 말고 외할아버지 성인 '에레라'를 사용하라고 권한다.

알베르는 몬테크리스토가 비참하고 불행하며 핍박받은 생활을 견뎌냈다면 자신도 똑같은 생활을 견딜 수 있다고 대답한다. 모자가 떠날 준비를 막 마쳤을 때 백작의 집사 베르투치오가 알베르에게 백작의 편지를 전한다. 에드몽 당테스가 22년 전에 메르세데스와 결혼하려고 묻어두었던 3천 프랑은 알베르의 돈이라는 것이다. 그 돈은 당테스의 아버지가 살았던 마르세유의 집에 묻혀 있다. 편지를 읽은 메르세데스는 그 돈을 받아 수녀원에 들어가려고 한다.

맥시밀리엥이 누군가를 깊이 사랑하고 있다는 것을 알게 된 몬테크리스토는 그에게 작별을 고하며, 필요하면 언제든 찾아오라고 말한다. 맥시밀리엥은 그러겠다고 답한다. 그 직후, 몬테크리스토를 찾아온 모르세프는 아들이 결투를 하지 않고 사과한 것이 사실인지 확인하고 싶어한다. 아들이 왜 그랬는지 이해가 되지 않는다고 하자 몬테크리스토는 '나보다 더 죄 많은 사람이 있었기 때문이라고' 말하고, '원수'라고 지목하며 페르낭의 이름을 댄다. 페르낭은 결투를 신청한다. 이번에는 칼이다. 몬테크리스토는 먼저 페르낭의 정체를 밝힌다. 페르낭은 워털루 전투 전날 밤에 프랑스 육군에서 탈영했으며, 스페인에서는 첩자 노릇을 했고, 알리 파샤를 암살했다. 그리고는 양심도 없이 모르세프 백작이 되었다. 페르낭은 불같이 화를 내면서 가슴에 칼을 꽂을 때 이름을 부를 수 있도록 정체를 밝히라고 요구한다. 몽테크리스토는 방을 나가더니 젊은 선원의 복장을 하고 돌아온다. 모르세프의 이가 딱딱 부딪히는 소리가 들리기 시작한다. 벽에 기댄 그는 방을 미끄러지듯 나가며 공포에 질려 소리친다. "에드몽 당테스!"

페르낭이 집에 돌아오니 마침 아내와 아들이 함께 떠나는 모습이 보인다. 두 사람이 탄 마차의 문이 닫힌다. 이제 페르낭은 혼자다. 잠시 후 총소리와 함께 침실 창문의 유리 하나가 산산조각난다.

풀어보기

이 부분에서는 페르낭에 대한 백작의 복수를 그리고 있다. 백작은 먼저 페르낭의 아들 알베르를 곁에서 떼어놓아, 페르낭이 '사랑하는 아들'에게 기대지 못하도록 한다. 여기서는 "아버지의 죄가 그 아들에게 그림자를 드리우도다" 하는 백작의 종교적 신념을 엿볼 수 있다. 결국 몽테크리스토는 알베르를 지켜보며, 아무리 고상하고 매력적인 젊은이더라도, 결국은 저주스런 원수의 아들에 불과하다는 생각을 품고 다소 차갑게 대했던 것이다.

모르세프가 전투에서 배신행위를 했으며, 알리 파샤를 배반했다는 정보는 당글라르가 언론에 흘린 것이다. 당글라르는 젊었을 때도 페르낭을 좋아하지 않았고, 특히 페르낭이 자기보다 높은 백작의 작위를 사자 더욱 싫어했다. 그러나 더 중요한 이유는 알베르와 딸의 사이를 갈라놓을 빌미를 잡아 딸을 재산이 훨씬 많은 안드레아 카발칸티에게 시집보내고 싶은 것이다. 그러나 안드레아는 사기꾼에다 자기 아내가 낳은 사생아란 사실을 모르고 있다.

이 부분에서 백작이 치밀하게 짜놓은 계획이 그 결실을 맺고 있다. 따라서 독자는 백작의 철학을 다시 한 번 살펴볼 필요가 있다. 누군가가 자신을 오랜 세월 고통받게 했다면, 즉각적인 보복보다는 오랫동안 서서히 고통을 맛보도록 해야 한다. 그러므로 모르세프 백작은 신문에서 반역자라고 불리고, 의회 위원회에 출석해 자신을 변론해야 하는 수모를 당한다. 그 다음에는 알리 파샤의 딸 헤이데가 그의 죄를 증언한다. 위원회가 그의 유죄를 인정하자 완전히 수치스러운 인간이 된다.

이 작품이 낭만주의 소설이라는 점을 기억한다면, 알베르가 몽테크리스토에게 한 행동이 이상하게 느껴지지는 않는다. 낭만주의 소설에서는 개인적인 명예를 중시하기 때문이다. 알베르는 아버지의 불명예스러운 행동을 개탄하지 않지만 누군가에 의해 만천하에 공개되는 것은 아주 수치스럽게 생각하므로 이 사태에 대한 책임은 전적으로 몽테크리스토에게 있다고 본다. 몽테크리스토는 알리 파샤 사건을 이미 알고 있으면서 그 딸을 샀고, 당글라르에게 야니나로 편지를 보내라고 촉구했으며, 언론에 관련 기사가 나올 때에 맞춰 알베르를 노르망디에 데려갔기 때문이다. 따라서 알베르가 보기에는 몽테크리스토가 모든 것을 사전 계획한 인물이고, 아버지의 적들과 한 패거리인 것이다.

알베르는 어머니에게 아버지의 적이 누구인지 물으며 말한다. "몽테크리스토 백작은 우리 집에서는 한 번도 음식을 먹거나 술을 마신 적이 없어요. 그런 면에서는 동양인 같아요. 동양인은 마음껏 복수하려고 원수의 집에서는 아무것도 먹거나 마시지 않거든요." 축약본에서는 보통 생략되는 장면인데, 전에 메르세데스가 포도를 따서 주기도 하고, 맛있는 간식을 권하기도 했지만, 몽테크리스토는 한 번도 먹은 적이 없었다.

이 부분에서는 메르세데스가 백작에게 아들의 목숨을 살려달라고 애원하면서 처음으로 에드몽이라고 부른다. 그녀는 알베르가 몽테크리스토 때문에 페르낭이 운 나쁘게 수모를 겪고 있는 것으로 생각한다고 말한다. 백작은 다음과 같이 자신의 근본 신념을 다시 일깨워준다. "알베르의 아버지가 겪는 일은 운이 나빠서가 아니라 벌이오. 그리고 내가 페르낭을 쓰러뜨린 것이 아니고, 신의 섭리요." 카데루스가 죽자 백작은 신의 섭리를 더욱 강하게 믿는다. 메르세데스가 아들을 살려달라고 애원하자, 백작은 페르낭의 배신행위에 대해 말하며, 신의 명령을 이행할 뿐이라고 말한다. "당신은 내게 신의 명령을 거역하라고 말하고 있소. 신은 죽은 것이나 다름없던 나를 살려내 그들을 벌주라고 하셨소. 당신의 아들을 살려두는 것은 불가능하오. 나는 14년이나 고초를 겪었소. 14년 동안이 나 울면서 저주했단 말이오. 메르세데스, 다시 얘기하지만, 나 는 복수를 해야 하오!"

그러나 결국에는 메르세데스의 애원을 받아들이면서 자기가 알베르 손에 죽을 것이라고 말한다. 나중에 맥시밀리 엥에게도 이 말을 한다. 자신이 택할 수 있는 명예로운 길은 이것밖에 없다고 생각한 것이다.

페르낭이 백작에게 결투를 신청하자, 자신이 에드몽 당 테스임을 밝힌다. 페르낭은 비틀거리며 간신히 집으로 돌아가 지만, 아내와 아들이 자기를 버리고 집을 떠나는 것이 아닌가. 페르낭이 진정 사랑했던 사람은 아내와 아들뿐인데, 자기 재 산은 한 푼도 지니지 않고 떠나는 것이다. 페르낭은 자살하고, 백작의 두 번째 원수가 이 세상에서 사라진다.

Chapters 55 - 67

 빌포르, 실성하다

몽테크리스토의 집에서 나온 맥시밀리엥은 빌포르의 저택으로 간다. 발렌틴과 만난 맥시밀리엥은 그녀의 건강이 걱정스럽다. 정신이 멍해 보이는 발렌틴은 '약간 몸이 좋지 않은 것 같지만' 회복중이며, 할아버지의 약(브루신)을 아주 조금씩 늘려 복용하고 있다면서 조금 전에 설탕물을 마셨다고 말한다.

당글라르 부인과 위제니가 당도해 위제니가 카발칸티 '왕자'와 약혼했다고 발표한다. 당글라르 부인에게는 '왕자'라는 칭호가 '백작'보다는 더 낮게 들리는 것 같다. 위제니는 결혼해서 '남자의 노예인 아내'가 되는 것을 바라지 않는다면서 약혼에 대해 이의를 제기한다. 자기는 자유롭고 싶으며, 또 자유로워야 된다는 것이다. 발렌틴이 방에서 나가더니 층계참에서 쓰러진다. 맥시밀리엥이 발견하고는 누와티에르 노인의 방으로 옮긴다. 거기서 다시 발작을 일으킨 그녀는 몸이 차가워지고 숨이 끊어진 것 같아 의사 다브리니를 부른다.

맥시밀리엥은 곧장 몽테크리스토에게 간다. 맥시밀리엥은 발렌틴이 살해된 것 같다고 말한다. 몽테크리스토는 마음을 '굳게 먹고, 희망을 잃지 말라'고 이른다.

장면은 다시 빌포르의 저택. 다브리니가 발렌틴이 아직 살아 있다고 조심스럽게 말하자 빌포르는 자기 딸을 그녀의 침대에 데려다 눕히라고

하고는 나간다. 다브리니는 누와티에르와 함께 있다가 하인 바루와의 죽음에 대해 묻는다. 누와티에르는 바루와를 죽인 바로 그 사람이 발렌틴에게 독약을 먹였다고 눈짓하고는 자기 음료수를 우연히 마셨다가 죽은 것이라고 일러준다. 의사는, 발렌틴에게 브루신을 조금씩 양을 늘려 먹여 면역이 생기게 하려고 한 사람이 누와티에르냐고 묻는다. 그는 그렇다고 신호를 보낸다. 의사가 그 방에서 나와 발렌틴에게 갔다가 부소니 신부를 만난다.

사흘 후에 당글라르의 저택은 다이아몬드와 루비를 비롯해서 값비싼 보석으로 치장한 손님들로 인해 온통 번쩍거린다. 위제니 당글라르가 많은 아버지 친구들 앞에서 카발칸티와의 약혼을 발표하고 있다. 9시 정각에 몽테크리스토가 도착하고, 바로 뒤이어 공증인이 결혼 서약서에 서명하라고 한다.

서명을 마친 당글라르 남작이 펜을 카발칸티 소령의 대리인에게 건넨다. (소령은 사라졌다.) 당글라르 부인이 한숨을 쉬고는 빌포르가 참석하면 좋을 것 같다는 바람을 나타내고, 몽테크리스토가 다가와 유감스럽게도 자기 때문에 오지 못하는 것이라고 말한다. 안드레아 카발칸티(베네데토)가 즉시 귀를 쫑긋 세운다. 몽테크리스토가 말을 계속한다. 살해된 카데루스가 입고 있던 조끼를 조사하다가 주머니에서 종이쪽지를 발견했는데, 당글라르 남작에게 보내는 것이었다. 몽테크리스토는 그 쪽지가 당글라르에 대한 음모와 관련이 있을 것으로 추측하고는 조끼와 함께 빌포르 검사에게 보냈다는 것이다.

공증인이 결혼 서약서의 서명을 다시 시작하겠다고 말할 때, 경찰관 한 명과 무장 경찰관 두 명이 거실로 들어오더니 '카데루스란 탈옥수의 살해 혐의를 받고 있는 안드레아 카발칸티'를 찾고 있다고 말한다. 카발칸티의 수색이 시작되었지만, 이미 사라진 것 같다.

위제니는 위층에서 친구 루이즈 다이유와 도주 계획을 세운다. 위제니는 남자들을 증오한다고 하면서 즉시 파리를 떠나겠다고 하더니 치렁치렁한 검은 머리를 자르고는 남자 양복을 입는다. 루이즈는 위제니의 대담한 행동에 말을 잊는다. 두 사람은 재빨리 영업용 마차에 타고는 어둠 속으로 사라진다.

'안드레아 카발칸티'는 영리하다. 도주 전에 '결혼 예물'이 진열된 방에서 제일 값비싼 보석들을 훔쳐내고는 마부에게 다른 마차를 타고 있는 친구를 따라잡아야 한다는 핑계를 대서 최대한 빨리 파리를 빠져 나가게 해달라고 한다. 일단, 마차에 오르자 코트의 한 쪽에 먼지를 묻히고는 말을 빌리자고 한다. (자신은 어둠 속에서 말에서 떨어졌다고 하면서.) 안드레아의 계획은 착착 맞아떨어져 새벽 4시가 되자, 빌린 방에 몸을 숨기고 찬 닭고기와 고급 포도주로 요기를 한 다음, 편안히 잠잘 준비를 한다. 안드레아는 누구에게도 잡히지 않을 것이라고 확신하다. 일찍 길을 떠나 숲을 통해 프랑스 국경을 넘을 예정이니까.

그러나 불운하게도 안드레아는 예정보다 늦게 잠을 깬다. 창문을 통해 밖을 훔쳐보니 경찰관 세 명이 여관으로 오고 있다. 그는, 창피하지만 돈이 없어 떠날 수밖에 없다는 편지를 서둘러 여관주인 앞으로 쓴 다음, 숙식비로 멋진 넥타이핀을 남겨놓고 굴뚝을 타고 지붕으로 올라간다. 그러나 여관방을 수색하던 경찰관에게 발각될까봐 연기가 나지 않는 굴뚝을 통해 밑으로 내려가다가 어떤 침실의 벽난로 위로 떨어진다. 침대에 있던 두 젊은 숙녀가 벌떡 일어나더니 살려달라고 고함을 친다. 안드레아가 얼마나 놀랐는지 상상해 보라. 그들은 바로 위제니 당글라르와 친구 루이즈가 아닌가! 위제니는 그에게 벽난로를 타고 다시 올라가라고 하지만, 이미 열쇠 구멍으로 안드레아를 본 경찰관 한 명이 문을 박차고 들어와 체포한다. 안드레아는 파리로 끌려와 수감된다.

다시 빌포르의 저택. 발렌틴은 아직 회복되지 않고 있다. 발렌틴은 열에 들떠 정신이 혼미한 상태에서 유령을 보는 것 같다. 특히 어느 날 밤에는 사람 모습을 한 형체가 침대로 다가와, 물잔을 들더니 내용물을 맛보고는 말한다. "자, 이제는 마셔도 된다." 몽테크리스토다. 백작은 직접 발렌틴을 지키면서, 누가 방에 들어왔는지, 어떤 음식을 준비해 주었는지, 무슨 액체를 주었는지 점검했고, 방금 침대 옆에 있는 독이 든 잔을 비우고 약으로 다시 채웠다고 한다. 발렌틴은 혼란스러워져 정신을 차릴 수 없다. 몽테크리스토는 발렌틴을 독살하려는 자가 누구인지 아는 것이 분명하다. 그는 발렌틴에게 자는 척하고 있으면 누가 그녀를 죽이려고 하는지 직접 보게 될 것이라고 말하고는 숨는다.

발렌틴의 계모 빌포르 부인이 들어와 플라스크에 든 액체를 발렌틴의 잔에 붓더니 조용히 나간다. 몽테크리스토가 빌포르 부인의 살해 동기를 설명하자 발렌틴은 너무 무섭고 믿기지 않는다. 발렌틴이 죽으면 막대한 유산을 아버지(빌포르)가 받고, 결국에는 빌포르 부인이 이 세상에서 가장 사랑하는 아들 에두와르에게 돌아간다는 것이다. 계모의 사악함을 믿을 수 없는 발렌틴은 백작에게 어떻게 하면 되느냐고 묻는다. "무슨 일이 있어도, 가령 무덤이나 관 속에서 깨어나더라도 정신을 바짝 차리고, '맥시밀리엥이 지켜주고 있다'는 생각을 하라"고 일러준다. 그러더니 콩알만한 약을 건네주고 작별을 고하면서 목숨을 잃게 되지 않을 것이라고 덧붙인다. 점점 잠에 빠져드는 발렌틴은 '주님의 발밑에 누운 천사'처럼 보인다.

아침에 들어온 간호사가 비명을 지른다. 발렌틴이 죽은 듯이 보이는 것이다. 빌포르가 들어와 발렌틴의 침대에 머리를 대고는 바닥에 주저앉는다. 빌포르 부인이 질겁하고 말을 잊는다. 발렌틴의 침대 옆에 있는 잔이 분명히 비어 있었는데, 지금은 3분의 1이 차 있는 것이다. 다브리니가 질산을 한 방울 떨어뜨리자 금방 색깔이 변한다. 의사가 "아하!" 하고 소리를 지른다. 빌포르 부인은 의식을 잃고 바닥에 쓰러진다.

맥시밀리엥이 나타나더니 몸이 굳은 채로 꼼짝 않는다. 이어 휠체어에 탄 누와티에르 노인이 발렌틴의 방으로 온다. 누와티에르는 마치 간질 발작 직전의 상태처럼 보인다. 맥시밀리엥은 발렌틴의 원한을 갚아주겠다고 맹세한다. 빌포르는 살인자가 누구인지 알고 있으니 복수를 시작하기 전에 사흘만 달라고 맥시밀리엥에게만 들리도록 속삭인다. 나가는 길에 의사는 부소니 신부와 마주친다. 신부는 모든 마지막 의식에 참석하겠다고 말한다.

다음날, 몽테크리스토가 당글라르를 찾아가 5백만 프랑을 인출하겠다고 한다. 자기 회사의 자산이 엄청나다고 자랑하던 당글라르는 새파랗게 질리지만 결국에는 돈을 지급하고, 백작은 떠난다. 이어 보비유 씨가 왔다는 전갈이 오더니 그 사람 역시 5백만 프랑을 인출하겠다고 한다. 내일 장부 감사가 있다는 것이다. 당글라르는 다음날 낮 12시까지는 돈을 준비해 놓겠다고 약속하지만 물론 그렇게 할 생각이 없다. 아내에게 편지를 쓴 그는 끌어모을 수 있는 돈 전부와 여권을 들고는 문을 닫고 나간다.

발렌틴의 장례식에 참석한 맥시밀리엥에게 관을 뒤따라 걷는 것은 특히 고통스럽다. 자기 방으로 돌아온 맥시밀리엥은 권총을 꺼내놓고 유서를 쓰기 시작한다. 몽테크리스토가 간곡히 설득해 자살을 만류한다. 백작은 맥시밀리엥에게 희망을 가지고 살라고 하면서 자신의 정체, 즉 모렐 선박회사의 '구세주' 에드몽 당테스라고 밝힌다. 그는, 일주일 이내에 지금은 가망 없어 보이는 일이 모두 해결될 것이며, 정확히 한 달 후에 다시 만나면 상상할 수 없을 정도로 행복할 것이라고 말한다. 맥시밀리엥은 이러한 언질과 백작의 집으로 들어와 살라는 초대도 받아들인다.

알베르와 메르세데스가 살려고 고른 하숙집에는 우연히도 드브레와 당글라르 부인이 몰래 만나는 방도 있다. 당글라르 부인은 드브레에게 남편이 보낸 작별 편지에 대해 이야기한다. 그는 파리에도 자기에게도 돌아오지 않을 게 틀림없으며, 버림받았다는 것이다. 드브레는 몹시 초조해진다. 그는 당글라르 부인이 갑부라는 사실을 상기시키고는, 사무적인 어조로 돈 계산을 할 때가 됐다고 선언한다. 당글라르 부인은 드브레의 말에 상처를 받지만 애써 숨기고는, '마치 수표를 받아든 하인처럼' 자기를 떠나보낸 그를 경멸하며 바삐 걸음을 옮긴다.

위층에서는 알베르가 어머니에게 군에 입대했다고 말한다. 어머니는 아들 걱정으로 흐느낀다. 그는 어머니에게서 '희망을 갖고 살겠다'는 약속을 받아내고, 앞으로는 어머니의 처녀 때 성을 사용하겠으며, 마르세유로 가서 당테스가 오래 전에 메르세데스와 결혼하면 쓰려고 묻어둔 돈을 찾겠다고 한다.

모든 것을 듣고 볼 수 있는 위치에 숨어 있던 몽테크리스토는 자신과의 관계로 아무 죄 없이 복수에 희생된 그들에게 어떤 행복을 줄 수 있을지 생각한다.

　라 포르스의 경비가 최고로 삼엄한 감방에 갇힌 베네데토는 매우 낙관적으로 살고 있다. 행운의 여신이 곧 미소를 보내리라 확신하는 것이다.

　빌포르는 카데루스의 살인범 재판을 준비하느라 바쁘다. 그는 법정으로 떠나기 전에 아내에게 단도직입적으로 독약을 어디에 숨겨놓았느냐고 묻는다. 그녀는 질문을 회피하려고 한다. 빌포르는, 아내가 세 명을 죽였고, 그 사람들이 죽는 것을 지켜본 죄를 저질렀지만 '검사로서' 그리고 아내가 처형되면 '빌포르 가문의 이름을 더럽히게' 되므로 관용을 베풀 것이고, 오직 '정의'만 시행되도록 하겠다고 맹세한다. (빌포르는 독약의 소재를 추궁해 아내가 그것을 마시도록 함으로써 자신은 추문에 휘말려 들지 않으려고 한다는 것을 느낄 수 있다.) 빌포르 부인이 남편의 발밑에 엎드리자, 그는 살인자에게 사형을 구형하러 법원에 출두해야 된다고 말하며, 자기가 귀가했을 때까지도 살아 있으면, 오늘 밤 안으로 반드시 감방에 처넣겠다고 단언한다.

　'베네데토 사건'은 파리를 온통 흥분의 도가니로 몰아넣고 있으며 '카발칸티'에 대해서 모르는 사람이 없는 것 같다. 신문에는 베네데토의 감방 생활과 화려한 무용담이 시시콜콜 모두 실려 있다. 대부분의 사람들은 베네데토가 미남인데다 상냥해서 바이런의 시에 등장하는 영웅이 환생한 것이며, 불의와 오해에 희생된 비극의 주인공이라고 믿는다.

　그러나 실제로 법정에서 재판을 받는 베네데토의 모습은 그를 둘러싼 낭만적인 소문과는 판이하게 다르다. 그는 심리가 시작되자마자 살인을 자백하고, 이름을 묻자 진짜 이름은 몰라서 말할 수 없다고 하면서, 다만 아버지 이름이 빌포르라는 것은 알고 있다고 진술한다.

　너무나 엄청난 답변에 장내가 혼란스럽다. 빌포르는 반쯤 정신을 잃고는 의자에 털썩 주저앉는다. 법정 한 구석에 있던 여인은 기절한다. (베일로 얼굴을 가리고 있던 당글라르 부인이다.) 베네데토는 지금 벌어지는 일을 완전히 이해하지 못하고 있다. 그는, 알고 있는 것이라고는 1817년 9월 27일, 오테이유에서 태어났으며, 아버지가 갓 태어난 자기를 들어 올리더니 죽었다고 어머니에게 말하고는 정원에 생매장했다는 사실뿐이라고 말한다. 이 사실은 빌포르를 칼로 찌르고 아기를 파내 형수에게 데려가 기르도록 했다는 어떤 코르시카 인으로부터 들었으며, 아이는 이처럼 '뒤틀어져' 태어났기 때문에 자라서 사악해지고 범죄에 기울게 되었다는 것이다. 그는, "만약 죽었으면 지옥에나 가고, 기적적으로 살아 있다면 가난뱅이가 되라"고 아버지를 증오하고 저주하면서, 아직도 어머니가 누구인지 모르고, 알고 싶지도 않다고 말한다.

법정에서 날카로운 비명소리가 들리더니, 조금 전에 기절했던 여인이 심한 정신이상 증세를 보이기 시작한다. 법정에서 실려 나가느라 얼굴의 베일이 벗겨져 당글라르 부인이라는 것이 밝혀진다.

"빌포르를 보시오! 저기 증거가 있습니다!" 베네데토가 외치며, 모습이 엉망이 된 채 비틀거리는 검사를 가리킨다. 빌포르가 손톱으로 자기 뺨을 긁어 상처를 냈던 것이다. 빌포르는 덜덜 떨며 목 메인 소리로 베네데토의 말은 모두 사실이라고 밝히고는 멍하게 법정 밖으로 뛰쳐나간다.

빌포르는 인생이 끝났다는 것을 깨닫는다. 그는 마차 안에 몸을 웅크리고 있다. 아내에게는 마치 정의의 신처럼 행동했고, 사형 선고를 했던 것이나 다름없다. 그러나 이제 공포와 후회로 몸을 떨며, 아내는 '나와의 접촉'—자신의 범죄자적인 성향에 '감염됐기'—때문에 범죄자가 되었다는 것을 깨닫는다. 그런 아내에게 감히 죄를 묻고 죽으라고 하다니! 빌포르는 아내가 살아 있기를 간절히 바란다. 둘은 곧 프랑스에서 도망쳐야 한다. 교수형 집행대가 두 사람 다 기다리고 있는 것이다.

집에 이상이 없는 것을 보자 안도의 한숨을 내쉰 빌포르는 계속 아내를 부르다 마침내 내실에서 창백한 얼굴로 자기를 응시하는 아내를 보게 된다. "다 끝났어요." 아내는 이렇게 신음하며 바닥에 쓰러진다. 빌포르는 필사적으로 에두와르를 부른다. 얼음 같은 식은땀이 그의 이마에 솟으며, 다리가 후들거리기 시작한다. 아들이 내실의 소파에 누워 있는 것이 보인다. 빌포르는 아내의 시체를 뛰어넘어 에두와르의 차가운 뺨에 미친 듯이 입을 맞춘다. 아이는 이미 죽었다.

바로 그 순간 부소니 신부가 들어온다. 그는 발렌틴의 영혼을 위해 기도하러 왔다고 말한다. 빌포르는 공포에 질려 뒷걸음친다. 신부의 목소리는 부소니의 것이 아니다. 몽테크리스토는 변장한 모습을 벗어던지고는 빌포르의 앞에 서서 누구인지 알아맞혀 보라고 한다. 에드몽 당테스임을 알아본 빌포르는 괴로움에 찬 외마디 비명을 지른다. 그는, "이제는 자네의 복수가 모두 끝이 났나?"라고 악을 쓰며, 당테스의 손목을 잡고 아내와 아들이 쓰러져 있는 곳으로 데리고 간다. 그리고는 커다란 외마디 비명을 지르고 웃음을 터뜨리더니 계단을 뛰어 내려간다. 몽테크리스토는 빌포르가 삽으로 정원을 파헤치고 있는 모습을 보게 된다. 빌포르가 숨을 헐떡이며 말한다. "아들을 찾아야 해." 미친 것이다.

집에서 몽테크리스토는 맥시밀리엥을 불러 내일 파리를 떠나자고 말한다. 이제는 자신이 가차 없이 행했던 복수 때문에 더 이상 고통받는 사람이 없게 되기를 바라면서.

이 부분은 빌포르의 몰락에 초점을 맞추면서도 몽테크

리스토가 당글라르 남작을 천천히 계획적으로 함정에 빠뜨리는 이야기를 들려준다. 뒤마는 빌포르 가족의 이야기를 뒤로하고, 당글라르가 서서히 고통스럽게 몰락하는 과정을 보여준다. 수많은 하객들 앞에서 모두 결혼 서약서에 서명하고, 안드레아 카발칸티만 서명하면 되는 순간, 당글라르 남작은 살해당한 탈옥수가 남작 앞으로 쓴 편지를 지니고 있었으며, 그의 이름이 카데루스란 소식을 듣게 된다. 공모자의 이름을 들은 당글라르는 눈에 띄게 초조해지더니, 경찰이 '카데루스란 탈옥수의 살해 혐의를 받는 툴롱 감옥 탈옥수' 카발칸티를 체포하러 집을 덮치자 두려움에 떤다. 남작은 충격을 받아 망연자실해진다. 재정상태가 나쁘고, 더불어 서서히 고통스럽게 악화되고 있던 사교생활이 이제는 바로 눈앞에서 완전히 산산조각난 것이다. 딸 위제니는 두 번이나 원하지도 않는 약혼을 강요받았다. (처음에는 치욕스러운 자의 아들 알베르 드 모르세프, 그 다음에는 범죄자임이 밝혀진 안드레아 카발칸티) 위제니는 이런 혼란을 틈타 로마로 도망쳐서는 방해받지 않으며 자유로운 미술가로 살게 된다. 따라서 당글라르 남작은 외동딸을 잃은 것이다.

이 부분의 말미에서 당글라르는 재정이 무너지면서 완전히 넋을 잃는다. 특히 몽테크리스토가 갑자기 5백만 프랑을 인출하고, 동시에 보비유 씨가 자선병원에 빌려준 5백만 프랑을 찾아가려고 방문하자 더욱 그렇다. 필사적이 된 당글라르 남작은 손에 넣을 수 있는 돈은 모두 빼내 완전히 치사한 인간이 되어 프랑스를 떠난다. 그러나 분명히 가족보다 더 사랑하고 숭배하는 돈을 많이 가지고.

이 부분은 주로 빌포르의 파멸에 초점을 맞추고 있다. 따라서 독자는 몽테크리스토가 서서히 오만한 빌포르를 벌하는 모습을 지켜보게 된다. 먼저 빌포르는 사랑하는 딸 발렌틴의 건강이 나빠지는 것을 보는 고통을 겪고, 나중에는 몽테크리스토가 준 약을 먹고 발렌틴이 마치 죽은 것처럼 되자, 딸의 '죽음'을 받아들여야 하는 것이다. 빌포르는 딸이 죽었다는 말을 듣자 너무나 슬퍼한다. 게다가 맥시밀리엥과 의사 다브리니가 발렌틴이 살해되었다고 주장하는 말까지 듣는다. '내 집에서 범죄가 일어났다'는 것은 수치스러운 일이 아닐 수 없고, 아버지를 통해 살인범이 다름 아닌 자기 아내라는 것을 알게 되자 너무나 끔찍스러워한다. 그는 아내에게 자살하라고 다그치며, 그렇게 하지 않으면 공개처형 시키겠다고 하면서 덧붙인다. "지금 나는 어떤 살인자에게 사형을 구형하러 법정에 가는 거요. 내가 돌아왔을 때까지도 당신이 살아 있다면, 늦어도 오늘밤 안에 감방에 처넣을 거요."

안드레아 카발칸티가 범죄자라는 것이 밝혀지자 당글라르는 충격을 받고, 빌포르는 완전히 파멸을 맞는다. 이러한 사실은 "아버지의 죄는 아들에게 그 그림자를 드리운다"는 몽테크리스토의 신념을 더욱 강력하게 입증한다. 사악한 안드레아가 사실은 빌포르의 아들이기 때문이다. 또한 아들이 법정에서 아버지를 고발하는 것은 일종의 사필귀정(事必歸正)이라고 할 수 있다. 궁극적으로 이런 처벌과 정의의 구현은 모두 몽테크리스토가 사전에 준비해 놓았다는 것을 독자들은 잊으면 안 된다.

이것으로 빌포르에 대한 단죄가 끝난 것은 아니다. 빌포르는 아내와 아들의 죽음을 목격하고, 부소니 신부가 정체를 밝히자 실성하고 만다. 백작이 또 한 명의 원수에게 앙갚음을 마무리하는 순간이다.

이 부분에서는 몽테크리스토가 근본적으로 변하고 있음을 보여준다. 백작은 "아버지의 죄는 아들에게 그 그림자를 드리운다"는 논리에 따라 결투를 통해 알베르 드 모르세프를 죽이려고 했다가 마음을 바꿨다. 증오하는 적의 아들이었지만 알베르에게서 고결한 성품을 발견했던 것이다. 마찬가지로 맥시밀리엥이 발렌틴을 도와달라고 하자, 백작은 그가 비열한 자의 딸을 사랑한다는 사실에 경악을 금치 못하면서도 결국은 발렌틴의 목숨을 지켜준다. 마지막으로 아홉 살짜리 에두와르가 죽자 처음으로 자기가 하고 있는 일이 옳은지 자문하고, 복수의 칼을 거둬야겠다고 생각한다. 그러나 당글라르에게 마지막 타격을 가하는 일은 아직 남아 있다.

Chapters 68-72

당글라르의 몰락

몽테크리스토는 맥시밀리엥과 파리를 떠나면서, 자기와의 동행을 후회하느냐고 묻는다. 맥시밀리엥은 발렌틴에 대한 생각 때문에 괴롭고 슬프다고 고백한다. 몽테크리스토는, 죽은 친구는 이 세상이 아니라 우리의 가슴 속에서 영원히 사는 것임을 잊으면 안 된다고 역설하고, 우울한 기운을 떨쳐내라고 한다. 두 사람은 배를 타고 빠른 속도로 바다를 달린다. 속도는 백작이 열정적으로 즐기는 것 중의 하나다. 맥시밀리엥도 바다바람이 머리카락을 파고드는 즐거움에 도취된다.

마르세유에 배를 댄 후, 맥시밀리엥은 아버지가 묻힌 공동묘지로 가고, 몽테크리스토는 그의 아버지가 생전에 살았던 집에 거주하는 메르세데스를 찾아간다. (메르세데스는 당테스가 24년 전에 묻어둔 돈을 찾았다.) 메르세데스는 정자에 앉아 흐느끼고 있다. 몽테크리스토는 알베르가 입대한 것은 잘한 일이라면서, 역경을 통해 강해질 것이며, 마르세유에 있으면 마음만 괴로웠을 것이라고 말한다. 메르세데스는 고맙다는 말을 되풀이한다. 백작은 자기가 한 일이 아니라고 부정하면서, 자기를 오랜 세월 감방에 처넣어 형용할 수 없는 슬픔을 안겨준 자들에게 재앙을 내리고 고통을 겪게 만든 신의 사자이자, 광대한 신의 섭리에 조그만 역할을 담당한 도구에 불과하다고 말한다. 그리고 언젠가는 자기 재산을 나눠 쓰자고 덧붙인다. 메르세데스는 백작의 아량을 고마워하면서도 알베르가 허락하면 받겠다고 답한다. 그녀는 백작의 떨리는 손을 잡으며, 작별 인사 대신 '다시 만날 때까지'라고 말한다. 그녀의 눈은 서서히 사라져가는 백작이 아니라, 아들을 데려가고 있는 멀리 보이는 작은 배를 향하고 있다. 그러나 가슴 속에서는 작은 소리가 이렇게 중얼거린다. "에드몽! 에드몽!"

몽테크리스토의 머릿속에는 이제 다시는 메르세데스를 보지 못할 것이라는 생각으로 가득하다. 이전에는 자신만만했지만 이제는 의구심이 든다. 자기 내면을 깊숙이 들여다보면서 10년 동안의 복수가 과연 옳은 일이었는지 의문이 생기는 것이다. 그러나 그것은 잠깐이다. 이내 아름다운 날씨, 하늘, 배, 그리고 항구의 풍광을 만끽한다. 그런데 이 항구의 어떤 배에 대한 기억이 떠오르자 다시 어두운 과거의 기억에 휩싸인다. 이프 성의 끔찍한 감옥으로 그를 태우고 갔던 배가 생각났던 것이다.

백작은 근처에 있는 유람선을 빌려 옛날 감옥으로 가자고 한다. 7월 혁명 이후에는 예전의 악명 높았던 처벌 방식에 호기심을 느끼는 사람들만 가보는 곳이 되었다. 감옥은 텅 비어 있다. 섬에 발을 디딘 백작에게 오싹한 한기가 엄습한다. 그는 안내인을 고용해 자기가 수감되었던 감방으로 간다. 그 방과 관련된 이야기가 궁금한 백작은, 일면식도 없는 안내인이 '위험인물'이었던 에드몽 당테스와 '정신이 이상했던 가엾은 파리아 신부'의 감방 생활에 관해 세세한 사항까지 모두 이야기하는 것을 듣고는 공포에 질리는 자기 모습에 놀란다. 그리고 비밀 통로, 파리아의 병사, 대담하게 탈출한 당테스 이야기 등을 식은땀을 흘리며 듣는다.

몽테크리스토는 '정신이 이상했던 가엾은 신부'의 감방을 보여달라고 하고는 감정이 북받쳐 안내인에게 팁으로 금화 24프랑을 준다. (투옥된 지 24년이 흘렀기 때문에 1년을 금화 하나로 상징한 것이다.) 너무 많은 돈을 받고 어리둥절해 하던 안내인은 충동적으로 신부가 '천조각에 쓴

일종의 책'을 보여주겠다고 한다. 바로 파리아가 온갖 노력을 기울여 자신의 주옥 같은 지식과 지혜를 모두 쏟아 부었던 책이다. 거기서 백작은 다음과 같은 구절을 보게 된다. "주님이 말씀하시기를, '용의 이빨을 뽑고 사자를 짓밟을지니라.'" 이것이야말로 신의 계시가 아니고 무엇이랴! 몽테크리스토의 의구심을 잠재울 수 있는 계시인 것이다. 신은 복수란 정당한 것이니 행하라고 하지 않는가! 백작은 충동적으로 그 책을 사고, 지갑에 만 프랑을 넣어 안내인에게 건네며, 자신이 떠난 후에 열겠다는 약속을 받아낸다. 그는 사공을 불러 즉시 마르세유로 돌아가자고 명령한다.

몽테크리스토는 완벽하게 승리를 거두었다. 의구심이 모두 사라진 것이다.

공동묘지에 있던 맥시밀리엥과 만난 몽테크리스토는 10월 15일에 몽테크리스토 섬에서 만나자고 하면서, 그곳에 데려다줄 요트가 한 척 기다릴 것이라고 말한다. 이어 발렌틴 때문에 너무 고통스러워 자살하고 싶으면, 해도 좋다고 한다. 심지어는 자살을 도와줄 수도 있다고 한다. 그러나 지금은 희망을 갖고 살아야 한다고 말하며 작별을 고한다.

한편, 당글라르는 파리를 탈출하게 되어 희색이 만면하다. 당글라르는 톰슨 앤 프렌치 회사(몽테크리스토 소유)에서 5백만 프랑을 확보하는데, 그 회사의 직원이 누구인지 주목할 필요가 있다. 다름 아닌, 당테스가 목숨을 살려준 구릿빛 피부의 잘생긴 페피노다. 그리고 알베르 드 모르세프를 납치했던 악당 두목 루이기 밤파의 이름도 등장한다. 두 사람은, 파라옹 호의 사무장이었던 당글라르에게 원수를 갚으려고 몽테크리스토가 그린 큰 그림의 일부라는 점은 분명하다.

당글라르는 은행 거래를 끝내자 기다리고 있던 마차를 타고 해가 넘어가기 직전에 황급히 로마를 떠난다. 이어 마차가 멈추었다가 다시 간다. 갑자기 당글라르는 로마로 되돌아가고 있다는 것을 깨닫는다. 마차가 서더니 당글라르에게 밖으로 나오라는 소리가 들린다. 꾸불꾸불한 길을 따라 끌려간 당글라르는 마치 눈꺼풀처럼 반만 열려 있는 동굴로 들어가 바위를 파내고 만든 방에 갇힌다. 당글라르는 악당들 중에서 루이기 밤파의 얼굴을 알아봤지만, 납치범들은 그를 죽일 작정은 아닌 것이 확실하다. 몸값을 요구하면 돈을 치를 수 있다고 확신한 당글라르는 그날 밤 안심하고 잠이 든다.

아침에 당글라르는 음식을 달라고 하는데, 놀랍게도 한 끼에 10만 프랑을 요구한다. 그는 항의도 하고, 단식도 하지만, 2주일이 지나자 현금은 바닥나고, 굶주림과 좌절감으로 미칠 지경이 된다. 도대체 악당들이 원하는 것은 무엇인가? 당글라르는 어떤 때는 그냥 죽고 싶다고 간절히 바라기도 한다. 그만큼 비참하다. 드디어 돈이 모두 사라지자, 당글라르는 그 동굴에서라도 그냥 살려만 달라고 밤파에게 간청한다. 당글라르가 고통으로 신음하자 "그대는 회개하는가?"라는 깊고도 엄숙한 목소리가 들려온다. 그 목소리는 망토를 입고 어둠 속에 있는 사람의 형체에서 나오고 있다. 당글라르는 회개한다고 외치고, 몽테크리스토가 앞으로 나오더니 용서한다고 말한다. 몽테크리스토는 자기가 백작이 아니라, 오래 전에 당글라르가 배신해 치욕스러운 삶을 살게 만든 에드몽 당테스라고 밝힌다.

당글라르는 숨을 헐떡이며 소리를 지르고는 바닥에 고꾸라진다. 정신을 차려보니 자유의 몸이 되어 있다. 길가에 버려졌던 것이다. 물을 마시려고 개울에 엎드리던 그는 머리가 하얗게 변한 것을 보고 소스라치게 놀란다.

이 부분에 이르러 몽테크리스토는 자기 인생을 종합적으로 조망하기 시작한다. 파리에 작별을 고하며, 이렇게 생각하는 것이다. "성령이 나를 그곳으로 인도하셨고, 이제는 성령이 승리의 기쁨 속에서 나를 거기서 나오게 하시는구나. 이제 나는 아무런 증오나 자만심을 느끼지 않고 떠난다는 것을 그분만이 아시지. 또 그분이 주신 권능을 내가 이기적이거나 헛

된 목적으로 사용하지 않았다는 것을 그분만이 아시지. 이제 내 일은 모두 끝났고, 내 사명은 완수됐구나. 안녕, 파리여, 안녕!" 그리고는 메르세데스를 찾아가 서로를 이해하면서 헤어지는데, 앞으로도 알베르 드 모르세프를 계속 지켜보며 돌보겠다는 암시를 남긴다. 다음에는 악명 높았던 이프 섬의 감옥을 찾아가 안내원에게 팁을 후하게 주고는 파리아 신부가 쓴 책을 손에 넣는다. 신부의 글을 보게 된 기쁨이란 이루 말할 수 없다.

이어서 뒤마는 독자들의 시선을 다시 당글라르에 대한 복수로 돌린다. 페르낭(모르세프 백작)은 이 세상에서 아내와 아들을 가장 사랑했으므로 그들이 자신을 버리고 빈손으로 집을 떠나는 가장 무서운 천벌을 받은 셈이고, 빌포르는 공적인 이미지와 야망을 무엇보다 중시했으므로 공개 수모로 죄의 대가를 치른 셈이다. 당글라르는 돈을 가장 좋아하는 사람이기에 몽테크리스토는 서서히 돈을 잃도록 조치하지만 5백만 프랑이 넘는 돈을 가지고 프랑스를 떠난다. 그 돈은 여러 곳, 특히 여러 자선 병원에서 횡령하고 훔친 돈이다.

당글라르는 로마에 도착하지만, 이미 몽테크리스토가 톰슨 앤 프렌치 금융회사와 페피노, 루이기 밤파에게 손을 써 놨다는 사실은 꿈에도 생각 못한다. 루이기 밤파는 그를 납치해 음식 값을 내놓든지 아니면 굶으라고 한다. 그런데 음식 값이라는 것이 통닭 한 마리에 10만 프랑이다. 그에게 이런 식의 돈 요구는 육체적 고통보다 더욱 견딜 수 없는 고문이다. 드디어 몽테크리스토가 정체를 밝힌다. "나는 자네가 배신하여 치욕스러운 삶을 살게 만든 사람이라네. 자네 때문에 약혼녀를 빼앗긴 사람이고, 자네가 출세하려고 짓밟은 사람이고, 자네 때문에 아버지가 굶어 죽은 사람이라네. 하지만 나도 용서받아야 하기 때문에 자네를 용서하려고 하네. 에드몽 당테스일세."

에드몽 당테스의 출현은 당글라르에게는 감당하기 힘든 충격이었을 것이다. 얼마 남지 않은 재산을 돌려받고 풀려나서 보니 백발이 되어 있다. 몽테크리스토 백작은 드디어 모든 원수들에게 복수를 마쳤다.

Chapter 73

에필로그: 희망을 품고 사는 존재, 인간

드디어 10월이 왔다. 저녁 때 요트 한 척이 작은 섬을 향해 달리고 있다. 키가 크고 피부가 그을린 젊은이가 앞에 보이는 섬이 몽테크리스토 섬이냐고 묻는다. 그렇다는 대답이 돌아오고, 갑자기 섬에서 빛이 번쩍하며 총성이 한 번 크게 울린다. 젊은이가 카빈총을 한 방 쏘며 응답한다. 10분 후에 요트는 닻을 내리고, 맥시밀리엥 모렐이 걸어서 해변으로 올라간다. 몽테크리스토가 마중 나온다.

맥시밀리엥은 백작에게 '생의 마지막 순간에 나를 향해 웃음 지을 수 있는 친구의 품에 안겨 죽으러' 왔다고 말한다. 여동생 쥘리는 울음을 터뜨릴 것 같고, 매제는 총을 빼앗을 것 같다는 것이다. 아직도 발렌틴의 죽음에 크게 상심한 나머지 살고 싶지 않은 것이 분명하다. 맥시밀리엥의 표현을 빌리자면, '막다른 길에 봉착해서' 더 이상 앞으로 나아가지 못하는 것이다. 그는 시계를 보더니 앞으로 세 시간 남았다고 말한다.

"이리 오게." 백작은 이렇게 말하며, 그를 석굴로 데리고 간다. 그곳은 요술을 부린 듯 양탄자가 푹신하게 깔려 있어 마치 지하궁전 같다. 달콤하고 이국적인 향기가 두 사람 주위를 맴돌고, 대리석으로 만든 조각상들은 꽃과 과일 바구니를 들고 있다. 몽테크리스토는 둘이서 앞으로 남은 몇 시간을 '고대 로마인들처럼' 지내보자고 한다.

"후회는 않느냐, 나를 떠나는 것도?" 맥시밀리엥의 눈에 눈물이 맺힌다. 몽테크리스토가 영혼을 잃는 것이 두렵지 않느냐고 묻자, 자기 영혼은 이미 자기 것이 아니라고 대답한다. 발렌틴의 것이라는 의미다. 몽테크리스토는 오래 전부터 맥시밀리엥을 아들로 생각했고, 그 아들이 막대한 재산으로 어느 누구도 누릴 수 없는 생활을 즐기기를 바랐다고 말한다. "무엇이든 원하기만 하면 가질 수 있어. 살기만 하면!"

그러나 맥시밀리엥의 결심은 흔들리지 않는다. 기적이 일어나지 않는 한, 그를 살릴 수는 없을 것 같다. 몽테크리스토가 캐비닛으로 가서 작은 은상자를 꺼낸다. 그 안에는 더 작은 금상자가 들어 있다. 그는 그 안의 내용물을 숟가락으로 떠서 맥시밀리엥에게 준다. "이게 자네가 달라고 한 것이며, 내가 주겠다고 약속한 것이라네." 그리고는 숟가락을 하나 더 꺼내더니 금상자에 넣으며, 이제는 사는 것에 염증이 난다고 지친 듯이 말한다.

맥시밀리엥이 믿음과 희망을 가진 백작이 자살하는 것은 범죄 행위라고 큰 소리로 말하고는 서둘러 작별을 고하고, 발렌틴에게 백작의 후의를 전하겠노라고 약속한다. 맥시밀리엥이 그 이상한 물질을 삼키자 방이 갑자기 어두워지는 것 같더니 대리석 조각들이 희미해지고, 피어오르는 향은 귓속말처럼 느껴진다. 맥시밀리엥은 마지막으로 몽테크리스토에게 감사를 표하더니, 목숨을 잃은 듯 바닥에 쓰러진다. 깜빡거리는 그의 눈에 희미한 발렌틴의 모습이 보이는 것 같다. 여기가 천국인가? 이게 죽는다는 것인가? 그의 입술에서는 아무런 소리도 나지 않지만, 그 영혼은 발렌틴에게 소리치고 있다. 발렌틴이 그에게 달려간다.

"맥시밀리엥이 부르고 있군요." 몽테크리스토가 발렌틴에게 말한다. "다시는 헤어지면 안 됩니다. 나는 두 사람을 결합시켜주었소. 신의 축복이 있기를. 그리고 이제까지 온갖 복수를 했지만, 신께서는 제가 두 사람의 목숨을 살렸다는 것도 인정해 주시기를!"

몽테크리스토는 헤이데에게 몸을 돌리더니, 그녀의 미래를 발렌틴과 맥시밀리엥에게 맡기겠다고 말한다. 헤이데는 몽테크리스토가 없으면 죽겠다고 한다. 그녀는 백작을 자기 목숨처럼, 신처럼 사랑하고 있으며, 그를 '이 세상에서 가장 훌륭하고, 친절하고, 위대한 사람'이라고 말한다. 백작은, 신께서 그의 행복을 위해 헤이데를 주었다고 깨닫는다. 몽테크리스토는 맥시밀리엥이 깨어나 발렌틴과 다시 결합하는 바로 그 순간, 헤이데의 허리를 감싸 안고 그 자리를 떠난다.

다음날 새벽, 쟈코포가 맥시밀리엥에게 몽테크리스토의 편지를 전한다. 그 편지에는 이렇게 적혀 있다. 인생에는 행복이란 것도, 불행이란 것도 없다. 다만 서로 비교할 수 있을 뿐이어서 궁극적인 축복을 알려면 먼저 엄청난 절망을 겪어봐야 한다. 맥시밀리엥과 발렌틴은 모두 불행의 심연을 경험했기 때문에 이제는 궁극적인 행복을 맛볼 수 있다. 그러려면 두 가지가 필요하다. 기다리면서 희망을 갖는 것이다.

저 멀리 수평선, 하늘과 지중해를 가로지르는 짙은 푸른 선 위에 하얗고 조그만 돛이 보인다. 맥시밀리엥은 "나의 아버지!"라며 몽테크리스토에게, 발렌틴은 "나의 언니!"라며 헤이데에게 작별을 고한다. 발렌틴은 맥시밀리엥에게 몸을 돌려 언젠가는 두 사람을 다시 보게 되리란 점을 상기시킨다. 기다리면서 희망을 갖고 있기만 하면. 기다림과 희망이라는 두 마디에 인간의 지혜가 모두 담겨 있는 것이다.

19세기 소설은 거의 모두 이야기가 중간에 흐지부지되는 일이 없도록 깔끔하게 결말짓는 마지막 장이 있다. 이 작품도 마지막 장에서 몽테크리스토가 맥시밀리엥을 마지막으로 시험한다. 자살하려는 것이 진짜인지, 진실한 사랑이라는 것이 있는지 알고 싶은 것이다. 백작은 그 사랑을 확인했고, 자신도 진실한 사랑을 얻는다. 드디어 몽테크리스토는 '궁극적인 행복'을 얻게 된다.

이 부분은 작품에 대한 이해력을 테스트하는 난입니다. 다음 과제를 마치고 나면, 〈몽테크리스토 백작〉에 대한 포괄적이고 의미 있는 파악이 가능해질 것입니다

다음 주제에 대해 논술하시오.

1. 당테스의 네 원수는 누구누구이고, 몽테크리스토의 응징이 그들의 야망과 어떤 관련이 있는지 논술하라.

2. 즉각적인 죽음보다는 시간을 오래 끄는 응징이 엄청난 고통을 준다는 몽테크리스토의 생각을 가지고 원수들에게 가한 응징의 정당성에 대해 논술하라.

3. "아버지의 죄가 그 아들에게 그림자를 드리우는도다"라는 몽테크리스토의 논리는 알베르, 발렌틴, 에두와르를 통해 어떤 극적인 반전을 겪는지 논술하라.

4. 준수하고 순진하고 이상적인 에드몽 당테스가 세련되고 귀족적인 몽테크리스토 백작으로 변신한 모습에 대해 논술하라.

5. 이 작품은 서양 문학사에서 위대한 모험소설로 꼽히지만 실제로는 복잡한 미스터리 소설이다. 작품 속에 나타나는 그 차이에 대해 논술하라.

一以貫之
논술노트

- 개인의 탄생, 개인의 한계
- 실전 연습문제

一以貫之는 '논어'에 나오는 말로 '모든 것을 하나의 이치로 꿴다'는 뜻입니다.

논술의 주제와 문제 유형, 제시문들은 참으로 다양하고 가지각색입니다. 그러나 그 모든 것을 하나로 꿸 수 있습니다. '인간사회의 보편적 문제들에 대한 근원적인 물음에 답하는 자기 나름의 견해'라는 것이지요. 논술은 인간이면 누구나 부닥치는 개인적 또는 사회적 문제들에 대한 자기 나름의 고민이자 성찰입니다. 논술은 자기견해, 자기 가치관, 자기 삶에 대한 솔직한 고백입니다.

一以貫之 논술연구모임은 '자신의 물음'과 '자신의 생각'을 갖고 '자신의 글'을 쓸 수 있도록 도와줍니다.

〈집필진〉
조형진, 우한기, 이호곤, 박규현, 김법성, 김재년, 김병학, 도승활, 백일, 우효기

개인의 탄생, 개인의 한계

〈몽테크리스토 백작〉은 고전인가?

〈몽테크리스토 백작〉은 정말 재미있다. 책이 아무리 재미있더라도 모름지기 무언가 건져내려면 "왜 읽는가?", "왜 재미있는가?"라는 질문이 필요하지만, 〈몽테크리스토 백작〉은 골치 아프게 굳이 이런 질문을 던질 필요도 없이 그저 재미있다. 이는 훌륭한 장점이 되기도 하지만, 의심의 근거가 되기도 한다. 수많은 고전들도 재미있다. 하지만 '읽다 보면'이라는 조건절이 앞에 붙어야 될 듯하다. 괴테나 도스토예프스키의 작품들을 떠올리면 이런 말을 할 수밖에 없는 사정을 쉽게 알 수 있을 것이다. 위대한 고전을 재미있게 읽으려면 상세한 묘사를 음미해야 하며, 주인공의 복잡한 내면을 떠올리고, 때로는 상징과 복선을 해석하거나, 심할 때는 작가의 심오한 사상을 참아내야 한다.

하지만 〈몽테크리스토 백작〉 읽기는 이런 노력을 거의 필요로 하지 않는다. 성실하고 순박한 주인공 에드몽 당테스는 비록 모함과 배신을 통해 복수의 화신으로 변하지만, 복수를 하면서도 신의를 지키고 사랑을 소중히 여기며 거기에 매력적이기까지 하다. 당테스의 연인이었던 메르세데스는 몽테크리스토 백작이 등장할 즈음에는 이미 중년의 나이에 접어들었음에도 여전히 아름답고 착하고 여성스럽다. 이에 반해 당테스의 적들은 어떠한가? 페르낭은 항상 배신을 일삼는 파렴치한이고, 카데루스는 탐욕스럽기 그지없으며, 빌포르는 출세를 위해 가족조차 버리는 냉혈한이고, 당글라르는 야비한 난봉꾼이다. 이들의 부인과 자식들조차 극소수의 예외를 제외하고는 하나같이 악인들이다. 한 마디로 착한 우리 편과 악의 무리들이 확연히 갈리는 것이다. 소설의 전개도 괜한 묘사나 추상적 언설(言說)들로 끊기는 법이 없이 오로지 당테스의 복수가 최종적으로 완료되어 권선징악이 실현될 때까지 흥미진진한 이야기가 계속될 뿐이다.

심하게 말하자면 〈몽테크리스토 백작〉은 드라마 극본이나 순정만화 혹은 무협지에 가까워 보인다. 뒤마는 파리의 연극계에서 스타 작가로 부상했으니 오늘날로 치면 인기드라마 작가였다고 할 수 있겠다. 얼마나 드라마 같은지 잠시 살펴보자면, 당테스는 절망적인 감옥생활에서 파리아 신부를 만나 스승으로 모시고 마치 무공을 전수받듯이 온갖 교양과 학문을 쌓는다. 거기에 신의를 지킨 대가로 엄청난 보물까지 찾아내고 파리 사교계의 왕자님, 아니 백작님으로 화려하게 부활한다. 자신을 도와줄 충직한 벗들이 여기저기서 너무도 쉽게 나타나며, 마지막에는 자신만을 사랑하는 아름다운 이국 소녀 헤이데와 행복하게 살게 된다는 이야기다. 만약 오늘날 이런 작품이 출간되었다면, 대번에 주인공들이 지나치게 평면적이며 줄

거리는 작위적이라는 비판에 직면하게 될 것이다.

이에 더해 본래 신문 연재작이었던 〈몽테크리스토 백작〉
은 신문 부수를 증가시킬 정도로 인기가 있었으며, 출판되어
서는 초특급 베스트셀러였다. 뒤마 개인에 대해서도 언급하지
않을 수 없다. 탐식에 여자를 밝히고 사치와 방탕으로 점철된
삶이야 오히려 작가다운 삶이라고 항변할 수도 있으니 넘어가
더라도 작가의 독창성이 문학의 최고 가치로 정립된 오늘날의
문학계에서는 용납되기 어려운 일이지만, 그는 집필자를 고용
해 공장에서 제품을 찍어내듯이 작품을 써댔다. 한 마디로 뒤
마는 고상함과는 거리가 먼 통속적 인간이었으며, 작가만큼이
나 작품들도 대중적이고 통속적이었다. 그래서 그런지 프랑스
인들도 〈삼총사〉와 〈몽테크리스토 백작〉을 쓴 뒤마를 〈파리
의 노트르담〉과 〈레미제라블〉을 쓴 동갑내기 빅토르 위고보
다 한 수 아래로 봤다. 위고는 죽자마자 루소, 볼테르, 에밀 졸
라 등 극소수의 위대한 작가들만이 안장되는 팡테옹에 묻혔지
만, 뒤마의 시신은 탄생 200주년을 맞은 2002년에야 팡테옹
으로 이장되었다.

자, 그렇다면 〈몽테크리스토 백작〉은 고전이라고 할 수
있는가? 아니면 명작이라고 할 수 있는가? 고전(classic)은 당
연하게도 단순히 오래된 작품을 의미하지 않는다. 그렇다고
딱히 고정된 고전의 정의가 있는 것도 아니다. 하지만 너무 인
기가 많았고, 지나치게 재미있으며, 특별히 깊은 생각을 필요

로 하지 않는 〈몽테크리스토 백작〉은 고전이라는 라벨을 붙이기에 망설여지는 측면이 있다. 더구나 방대한 양을 자랑하는 〈몽테크리스토 백작〉은 축약본으로 더 많이 읽혔으며, 과거 한자 어투가 더 친숙했던 우리나라에서는 단지 섬의 동굴 안에서 보물을 찾았다는 이유로 〈암굴왕〉이라는 모호한 이름으로 번역되어 어린이 명작쯤으로 취급되었다. 고맙도록 재미있다는 사실에 일단 안도를 하면서 대체 고전이란 무엇이며, 굳이 〈몽테크리스토 백작〉에서 무언가를 찾는다면 그게 무엇인지를 염두에 두고 이야기를 시작해 보자.

혁명과 반동이 교차하는 격동기에 개인의 복수를 말하다

〈몽테크리스토 백작〉은 비정치적이다. 사실 작품이 '비정치적'이라고 굳이 문제 삼을 이유는 없다. 그러나 우리가 뒤마가 살았던 시대와 작품이 집필된 시기를 되돌아본다면, 〈몽테크리스토 백작〉이 이토록 비정치적이라는 사실에 놀랄 수밖에 없다. 뒤마는 나폴레옹이 활약하던 시대에 태어났다. 소년기에는 나폴레옹의 전성기와 몰락을 눈으로 목격했다. 작가로서 본격적인 명성을 쌓아가던 즈음인 1830년에는 샤를 10세의 반동에 저항해 다시 '7월 혁명'이 발발했다. 혁명의 결과, 뒤마가 젊은 시절을 의탁했던 오를레앙 공작 루이 필립이 왕으로 추대되어 입헌군주정이 성립되었다. 하지만 〈몽테크리스토 백작〉이 집필될 무렵(1844년-46년)에는 노동운동이 급부

상하고 민중들이 참정권을 요구면서 프랑스 정국이 다시 요동치고 있었다. 실제로 1848년 혁명이 발발하여 왕정이 무너지고 루이 필립은 망명했으며 다시 공화정이 수립되었다.

나폴레옹의 편지를 전해 주려다 감옥에 갇혀 14년 만에 감옥에서 탈출했으니 주인공 당테스가 활약하던 때는 1830년 혁명이 막 끝난 시점이다. 그런데 〈몽테크리스토 백작〉은 주변의 정치적 상황에 아랑곳없이 개인의 복수를 향해 치달을 뿐이다. 아버지가 나폴레옹 휘하의 장군이었기 때문에 그랬는지 모르지만, 뒤마는 이미 〈나폴레옹 보나파르트〉(1831)로 나폴레옹을 한껏 추켜올린 적이 있었던 만큼 이야기 초반에 나폴레옹에 대한 호의적인 분위기가 감지된다. 하지만 전체적으로는 보기 드문 격동의 시기에 쓰여진 작품이라고 하기엔 너무도 사회, 역사, 정치 따위에 무관심하다.

당테스의 복수만큼 개인적인 행위가 있을까? 엘바에 유배되어 탈출을 시도하려던 나폴레옹이 편지를 전달해 달라고 부탁하지 않았다면, 나폴레옹의 복권을 노리는 누와티에르를 아버지로 둔 빌포르가 없었다면, 당테스가 이프 성에 갇힐 일도 없었을 것이다. 하지만 이런 역사적 배경들은 이야기에 사실감을 주기 위한 배경일 뿐 실제 인물들의 고민거리가 되지 못하며 사건 전개에도 영향을 미치지 못한다. 사실 세상의 모든 복수는 지극히 개인적일 수밖에 없다. 복수는 공동체의 법률과 관례가 자신의 원한을 제대로 해결해 줄 수 없기 때문에 발생한다. 자신이 살고 있는 국가와 사회가 정한 '정의'의 범위와 밀접한 관련이 있는 것이다. 이런 점에서 모든 복수는 또한 시대의 산물이기도 하지만, 공동체가 규정한 '정의'의 범위를 인정하지 않고 이를 뛰어넘어 일개 개인이 규정하는 '정의'를 실현하려고 한다는 점에서 지극히 개인적이다. 우리는 당테스가 로마에서 사형 장면을 구경하며 프란츠와 나누는 대화에서 복수가 가지는 이런 개인적인 성격을 가장 선명하게 확인할 수 있다.

"만약 여기 한 사람이 있어서, 당신의 아버지나, 어머니나, 애인이거나, 말하자면 그 사람이 없어지면 당신의 마음이 영원히 공허해지고, 언제까지나 피가 흐르는 상처를 남겨놓고야 말 사람에게, 여태까지 들어보지도 못한 무서운 고문을 주어 무한한 고통 속에서 죽임을 당하게 되었다고 생각해 보십시오. 그러한 경우, 단지 저 단두대의 칼날이 범인의 목덜미를 내리친다는 이유 하나만으로, 당신에게 몇 년 동안이나 참을 수 없는 고통을 준 사람에게 불과 몇 초 동안의 육체적 고통을 주었다는 이유 하나만으로, 당신은 사회에서 충분한 보상을 받았다고 하실 수 있습니까?"

(중략)

"아, 결투 말씀입니까?" 하고 백작이 소리쳤다. "제 생각엔, 목적이 복수를 하는 데 있는 경우, 그 목적을 생각할 때, 결투란 장난에 지나지 않습니다. 어떤 사나이가 당신한테서 애인을 빼앗았거나, 당신의 부인을 유혹했다거나, 또는 당신의 따님을 모욕했다고 가정합시다. 신이 인간을 창조할 때 모든 인간에게 약속한 행복을 기대할 수 있는 권리를 가진 한 사람 한 사람의 인생이 그 사나이 때문에 비참하고 욕된 일생을 보내야 한다고 가정해 보십시다. 그런 경우 당신은, 당신의 정신을 미치게 하고, 당신 가슴 속에 절망을 심어놓은 그 사나이에게 단지 칼로 한 번 찌르거나, 머리에 총을 한 방 쏘아만 가지고 충분히 복수를 한 셈이라고 생각할 수 있을까요? 그런데 그러한 사나이가 결투에 이겨서 세상의 평판을 회복하고, 따라서 신에게까지도 용서를 받는 수가 흔히 있습니다. 그러나 그건 안 되죠. 안 될 일입니다" 하고 백작은 말을 이었다. "만약 내가 꼭 복수를 해야 할 일이 있다면, 난 절대로 그런 식으로는 하지 않을 겁니다."

어떤 사회도 완벽하게 '정의'가 구현된 시스템을 가질 수는 없겠지만, 당테스가 살았던 프랑스는 오늘날의 사법제도와 비교해 볼 때 정의를 위한 시스템이 너무도 형편없었다. 결투가 빈번하게 등장하는 사실에서도 알 수 있다. 귀족들은 지극히 개인적인 모욕과 원한에도 목숨을 걸고 결투를 벌였다. '누가 옳으냐?'가 아니라 '누가 이기느냐?'가 정의의 기준이었다. 따라서 10년에 걸친 당테스의 복수극을 탓할 수는 없다. 또한 훌륭한 주인공답게 당테스가 전혀 후회와 반성을 하지 않는 것도 아니다.

"자! 이걸 봐라! 에드몽 당테스!" 하고 그는 백작에게 아내와 아들의 시체를 가리키며 말했다. "자! 이젠 속이 시원하냐?"

백작은 이 끔찍한 광경에 얼굴빛이 변했다. 그는 이미 복수의 한도를 넘어섰다는 생각이 들었다. 그는 이제는 "신은 내 편이요, 나와 함께 있다"는 말을 할 수 없게 되었다는 것을 깨달았다.

그는 표현할 수 없는 고뇌에 사로잡혀, 어린애에게 달려들더니 어린애의 눈을 뒤집어보고 맥을 짚어보았다.

빌포르의 어린 아들 에두와르는 당테스의 복수 과정에서 희생된다. 물론 빌포르의 부인인 엘루와즈의 물욕이 개입되었지만, 당테스의 치밀한 계획이 없었다면 어머니가 아들을 죽이고 동반자살하는 비극은 없었을 것이다. 죄 없는 어린아이의 죽음을 목도한 뒤에야 비로소 당테스는 자신의 복수극에 대해 되돌아보게 된다. 모든 복수가 종결되고 프랑스를 떠나기 전에 사랑했던 연인 메르세데스와 대화하면서 다시 한 번 당테스는 자신의 복수극을 반성할 기회를 갖는다.

범속한 사람들에게는 그럴듯하게 보이지만 실제로는 고상한 인격을 파괴하고 마는 우울 속에서, 백작처럼 강한 사람이 언제까지나 방황하고 있을 수는 없었다. 백작은 이토록 자책하게 된 까닭은 자신의 계획에 무엇인가 오산이 있기 때문임에 틀림없다고 생각했다.

"지난 일은 잘못했다고 생각한다" 하고 그는 중얼거렸다. "그러나 이렇게 내가 잘못했다고만 볼 수는 없지." 그는 계속해서 말했다. "내가 목적지를 제대로 정하지 못한 것이었다고? 그럴 수가 있나! 그렇다면, 십 년 동안 걸어온 길이 다 잘못된 길이었단 말인데! 그럴 수가 있나! 겨우 한 시간도 안 되는 사이에, 모든 희망을 걸고 쌓아온 것이 불가능한 일은 아니지만 신을 모독하는 일이라는 것을 인정해야 한단 말인가! 그렇게는 생각할 수 없어! 그렇다면 난 미치고 말 테니까! 지금 내 판단에서 부족한 점은, 내 과거에 대한 정당한 평가가 서 있지 않다는 것이다. 왜냐하면 지금 나는 과거를 멀리서 되돌아보고 있는 거니까. 그렇다. 과거란 세월이 흐르면, 마치 사람이 스치고 지나가는 풍경과 같이, 사람에게서 멀리 떠나가는 법. 나는 마치 꿈속에서 몸을 다친 사람들과도 같다. 그들은 그 상처를 보고 느끼기는 하지만 그것이 언제 생겼는지는 기억하지 못한다…."

이렇듯 당테스는 복수극에 대한 일말의 회한을 보임으로써 반성할 줄 아는 인간다움의 미덕을 보이지만, 결코 속죄의 무게로 자신을 포기하지는 않는다. 너무도 손쉽게 지난 10년의 복수를 과거사로 치부하고 자신감 있게 미래로 나가는 것이다. 자신의 벗들이자 젊고 전도유망한 연인들인 맥시밀리엥과 발렌틴을 축복하고 미련 없이 모든 것을 뒤로 한 채 아리따운 헤이데와 함께 망망대해를 향해.

새로운 햄릿, 몽테크리스토

요즘 말로 이 얼마나 '쿨'한 결말인가! 복수를 끝낸 몽테크리스토 백작이 이프 성에 갇히기 전의 어벙해 보일 정도로 순박한 당테스로 다시 돌아가 구질구질하게 번민에 휩싸였다면, 아마도 작품의 재미는 반감되었을 것이다. 여기서 셰익스피어의 〈햄릿〉을 떠올려본다면 우리는 〈몽테크리스토 백작〉이 갖는 특별함을 좀더 선명하게 확인할 수 있다.

있음이냐 없음이냐, 그것이 문제로다.
어느 게 더 고귀한가.
난폭한 운명의 돌팔매와 화살을 맞는 건가,
아니면 무기 들고 고해와 대항하여 싸우다가 끝장을 내는 건가.
죽는 건… 자는 것뿐일지니,
잠 한 번에 육신이 물려받은 가슴앓이와 수천 가지 타고난 갈등
이 끝난다 말하면,
그건 간절히 바라야 할 결말이다.
죽는 건, 자는 것.
자는 건 꿈꾸는 것일지도…
아, 그게 걸림돌이다.

— 셰익스피어 〈햄릿〉 중에서 햄릿의 독백

왕위를 찬탈하려고 아버지를 죽이고 어머니와 결혼한 삼촌 클로디어스에게 복수하려는 햄릿은 '있음이냐, 없음이냐'(대중적으로 알려진 번역으로는 '사느냐 죽느냐')라는 존재론적 고민에까지 이른다. 심지어 그는 존재와 무, 삶과 죽음의 차이가 없다는 허무주의 내지는 불교적 경지에까지 도달한 듯하다. 그러나 클로디어스를 죽이려다 한 순간의 착각으로 사랑하는 여인의 아버지를 죽여 상황은 더욱 고통스러워진다. 결국 연인인 오필리어는 미쳐버려 물에 빠져 죽고 햄릿은 영국으로 추방된다. 귀국한 햄릿은 복수를 달성하지만, 함정에 빠져 자신도 죽고 어머니도 자살한다.

사실 '복수'라는 매혹적인 주제는 이미 셰익스피어 시대부터 '복수극'이라는 문학 장르를 따로 분류할 정도로 가장 인기 있는 소재였다. 두 작품은 모두 복수에 관한 이야기지만, 〈햄릿〉을 이렇게 간단히 살펴보아도 우리는 두 작품의 간격을 충분히 느낄 수 있다. 〈햄릿〉은 '신'이 인간에게 부여한 가혹한 '운명'에 따라 결국 극단적인 비극으로 끝나지만, 〈몽테크리스토 백작〉은 당테스라는 '인간의 계획'에 따라 복수가 진행되며 해피엔딩으로 종결된다. 햄릿은 시종일관 독백을 하며 고통과 번뇌로 점철된 인간의 운명을 철학적으로 되뇐다. 당테스도 신과 운명을 언급하지만, 이는 햄릿과는 전혀 다른 맥락이다. 당테스는 신이 자신에게 정의를 달성하라는 계시를 내렸다며 복수를 정당화한다. 하지만 복수를 끝내고 생각하면 생각할수록 자신의 복수가 정의롭지 않고 '신을 모독하는 일'일 수도 있다는 자책에 이른다. 그러나 당테스는 "지금 내 판단에서 부족한 점은, 내 과거에 대한 정당한 평가가 서 있지 않다는 것이다"라며 손쉽게 다시 행복이 기다리는 현실로 되돌아올 수 있었다. 결국 '신'과 '운명'은 손쉽게 '내 판단'에 따라 자유롭게 해석 가능한 변명이나 미사여구에 불과할 뿐이다.

혁명이 가능하게 만든 자유로운 개인

이제 정리를 좀 해보자. 당테스는 혁명과 반동이 교차하는 격변기에 개인의 복수를 위해 치닫는다. 차라리 목숨을 끊고 싶었던 죄수에서 몽테크리스토 섬에서 찾은 보물로 순식간에 파리 사교계의 총아가 된다. 10년의 노력 끝에 모든 복수를 끝마치고 조금 망설여도 보지만, 다시 유유히 멋진 모험을 떠난다.

흔히 뒤마와 위고를 포함하여 이 시기 프랑스 문학을 이전의 고전주의와 구별하여 '낭만주의'라고 부른다. 고전주의란 말 그대로 모범이 되는 고전을 따른다는 것이다. 즉 그리스의 예술, 더 구체적으로 말하면 아리스토텔레스의 〈시론〉으로 대표되는 질서와 형식의 미학을 따른다는 의미다. 프랑스혁명이 가져온 변화로 외부의 규칙이 아닌 자신의 내부를 들여다보고 인간의 욕망과 감정에 충실하려는 경향이 강해졌다. 이런 경향이 반영된 문학사조가 바로 낭만주의라고 할 수 있다. 하지만 자신의 내부를 보더라도 이전의 〈햄릿〉과는 다르다. 햄릿의 독백은 자신과의 갈등, 내면의 고통으로 보이지만, 실제 그 배후에는 왕국의 통치권, 기독교의 신과 운명의 문제가 놓여 있다. 당테스를 보라. 혁명과 반동의 역사를 통과하면서도 오로지 개인의 복수를 완수하고 정치, 사회 등과는 무관하게 유유히 떠나는 모습을.

사실 이런 개인으로서의 인간은 프랑스 혁명 이전에는 불가능했다. 신분에 얽매여 있는 인간은 결코 개인이 될 수 없다. 봉건제 하에서는 자신이 속한 영지를 벗어나는 것조차 어려웠다. 강력한 신분제가 유지되었다면 아무리 많은 재산을 가지고 있어도 당테스는 백작으로 행세할 수 없었을 것이다. 인간은 개인으로서보다 자신이 속한 지역사회, 공동체, 신분, 가족으로서 먼저 평가받았다. 하지만 혁명이 모든 속박들을 파괴한 듯 보였다. 독립적이고 자유로운 개인이 등장한 것이다. 몽테크리스토는 이 멋진 승리의 산물인 개인의 전형을 보여준다.

개인이라는 환상이 혁명을 망치다

모든 문학작품은 현실을 반영하지만, 현실을 벗어난 환상을 적절히 첨가하지 못한다면 결코 대중의 인기를 끌지 못한다. 〈몽테크리스토 백작〉은 프랑스 혁명이 탄생시킨 개인을 보여주지만, 그 개인은 결코 실제의 개인이 아니라 환상이 덧칠된 개인이다. 프랑스 혁명은 완결된 혁명이 아니었다. 프랑스가 이후에도 1830년, 1848년, 1871년에 세 번이나 더 '혁명'이라는 것을 겪었다는 점만 봐도 이는 분명하다. 모든 억압에서 풀려나 자유를 찾은 줄 알았던 개인들은 새로운 속박에서 벗어날 수 없다는 걸 알았다. 돈이 없다면, 이전의 농노보다 나을 게 없었다. 왕을 죽였지만 번번이 새로운 왕이 돌아왔고, 왕이라는 이름이 아니더라도 새로운 권력이 생겨났다. 싸우고 싸워서 투표권을 얻었지만, 이상하게도 투표를 통해 선출된 사람들은 결코 보통 사람들의 이익을 대변하지 않았다. 진짜 자유롭기 위해서는 몽테크리스토 섬의 돈이 필요하다는 것을 프랑스인들은 너무도 잘 알고 있었다. 〈몽테크리스토 백작〉의 엄청난 성공은 정확히 바로 이 환상에 기대고 있는 것이다.

수많은 사람들의 투쟁과 희생으로 성취된 혁명이 '개인'을 낳았다. 이 개인의 탄생이야말로 근대의 인간이 성취한 가장 위대한 산물이다. 그러나 몽테크리스토처럼 각 개인들은 혁명이 어떻게 가능했는지를 잊고 각개약진을 시작했다. 이들은 자신들의 복수를 위해, 아니 자유를 위해 전진했지만, 그 결과 독립되고 자유로운 개인들은 점점 새로운 굴레에 묶이게 된다. 혁명이 낳은 개인이 혁명을 망친 것이다.

여기에서 알렉상드르 뒤마와 빅토르 위고의 차이를 되새겨보는 것도 좋을 듯하다. 위고는 본래 지독한 왕당파에 보수주의자였다. 하지만 1830년 혁명을 겪으면서 자유주의에 눈 뜨고, 1848년 혁명 이후에는 확고한 공화주의자가 되었다. 이에 반해 뒤마는 왕당파와 자유주의에서 시종일관 헤맸던 것 같다. 뒤마는 인간의 자유를 너무도 사랑했지만, 고립된 개인으로 남은 개인들에게는 다시 속박의 철퇴가 돌아올 수밖에 없다는 걸 몰랐던 것이다. 〈삼총사〉의 주인공들을 보라. 모두 유쾌하고 즐겁게 살아가는 개인들이지만, 이들이 지키려는 것은 프랑스 왕정의 정통성일 뿐이다. 당테스는 복수를 끝내고 유유히 떠나지만, 프랑스는 1848년 혁명으로 되찾은 공화정이 다시 무너지고 나폴레옹의 조카가 1851년 왕정을 부활시켰다. 프랑스인들이 뒤마보다는 위고에 대해 존경심을 갖는 것은 이런 점에서 당연해 보인다.

하지만 우리도 뒤마와 마찬가지가 아닐까? 개인의 능력을 신장시키는 것, 속되게 말하면 자신의 몸값을 높이는 것이 인생의 유일한 목표이며, 주변에 대한 무관심이 '개성'으로 교묘하게 치장되어 찬양되는 오늘날, 사회와 이웃에 대한 관심, 민주주의에 대한 열망 따위는 무능력에 대한 변명이자 과거에 대한 집착으로 보일 뿐이다. 〈몽테크리스토 백작〉이 고전이자 명작일 수 있는 이유는 혁명이 탄생시킨 개인에 대한 환상을 멋들어지게 보여주었기 때문이다. 뒤마가 결코 의도하지는 않았지만, 만약 '개인'이라는 환상이 갖는 위험성까지 볼 수 있다면 진짜 위대한 고전으로 읽을 수 있을 것이다.

〈문제〉 다음 제시문을 읽고 백작의 견해에 대한 찬반을 분명히 하여 '개인적 복수'에 대한 자신의 견해를 논술하시오. (1,100~1,300자)

"만약 여기 한 사람이 있어서, 당신의 아버지나, 어머니나, 애인이거나, 말하자면 그 사람이 없어지면 당신의 마음이 영원히 공허해지고, 언제까지나 피가 흐르는 상처를 남겨놓고야 말 사람에게, 여태까지 들어보지도 못한 무서운 고문을 주어 무한한 고통 속에서 죽임을 당하게 되었다고 생각해 보십시오. 그러한 경우, 단지 저 단두대의 칼날이 범인의 목덜미를 내리친다는 이유 하나만으로, 당신에게 몇 년 동안이나 참을 수 없는 고통을 준 사람에게 불과 몇 초 동안의 육체적 고통을 주었다는 이유 하나만으로, 당신은 사회에서 충분한 보상을 받았다고 하실 수 있습니까?"

"예 알겠습니다" 하고 프란츠는 말했다. "인간의 정의라는 건, 마음을 위로해 준다는 의미에서 보면 지극히 부족한 것입니다. 다시 말하면 피는 피로 씻는다는 것에 불과하지요. 정의에 대해선, 그것으로 얻을 수 있는 것 이외에 더 이상은 바랄 수가 없습니다."

　"그리고 또 하나 구체적인 경우를 말씀해 드리겠습니다"
하고 백작은 말을 계속하였다. "즉 사회라는 것은, 어떤 사람
이 죽음을 당한다는 것 때문에 사회의 기초가 위험해졌을 경우,
죽음에 대한 보상을 죽음으로 갚습니다. 그렇지만 말씀입니다,
인간을 괴롭힐 수 있는 방법은 무수히 있는데, 그것에 대해서
는 아무런 관심도 보이지 않습니다. 다시 말하면, 아까 말씀
드린 것 같은 불충분한 복수조차도 하지 않는 것이 아닙니까?
터키의 관살형(串殺刑), 페르시아인들의 마조형(馬槽刑), 이
로쿼이족의 태형(笞刑)을 가해도 부족한 잔인한 범죄에 대해
서도 사회는 무관심하게 내버려두고 있지 않습니까? … 말씀
해 보세요. 그러한 범죄가 과연 없을까요?"

　"그렇습니다." 프란츠가 말했다. "하긴 그러한 범죄들을
벌하기 위해서 결투라는 것이 묵인되고 있는 거겠지요."

　"아, 결투 말씀입니까?" 하고 백작이 소리쳤다. "제 생각
엔, 목적이 복수를 하는 데 있는 경우, 그 목적을 생각할 때,
결투란 장난에 지나지 않습니다. 어떤 사나이가 당신한테서
애인을 빼앗았거나, 당신의 부인을 유혹했다거나, 또는 당신
의 따님을 모욕했다고 가정합시다. 신이 인간을 창조할 때 모
든 인간에게 약속한 행복을 기대할 수 있는 권리를 가진 한 사
람 한 사람의 인생이 그 사나이 때문에 비참하고 욕된 일생을
보내야 한다고 가정해 보십시다. 그런 경우 당신은, 당신의 정
신을 미치게 하고, 당신 가슴 속에 절망을 심어놓은 그 사나이

에게 단지 칼로 한 번 찌르거나, 머리에 총을 한 방 쏘아만 가지고 충분히 복수를 한 셈이라고 생각할 수 있을까요? 그런데 그러한 사나이가 결투에 이겨서 세상의 평판을 회복하고, 따라서 신에게까지도 용서를 받는 수가 흔히 있습니다. 그러나 그건 안 되죠. 안 될 일입니다" 하고 백작은 말을 이었다. "만약 내가 꼭 복수를 해야 할 일이 있다면, 난 절대로 그런 식으로는 하지 않을 겁니다."

〔04대입〕 **숙명여대 논술고사**

〈문제〉 제시문 (가)의 핵심 내용을 설명하고, 제시문 (나)의 '대중문화 논의'에 대한 자신의 견해를 (가)의 관점에서 논술하시오. (1,500자 내외)

(가) 맹자는 공자의 덕을 칭송하여, "공자께서는 정도가 심한 일은 하지 않으셨다"라고 말하였습니다. 공자의 말씀과 행동을 생각해 보면, 모두 그 양 극단을 피하고 중도를 지키고 있는 점에 감복할 따름입니다.

공자의 말씀 가운데 "군자는 천하에 적당하고 적당하지 않은 것이 없으며, 정(定)하고 정하지 않은 것이 없고, 오직 의(義)를 좇아서 의와 함께 살아간다"라고 하신 구절이 있습니다. 그런데 '의를 좇아서 의와 함께 살아간다'는 것은 의를 본받아 행한다는 뜻이겠지요. 그렇게 보면 이 또한 중용의 도를 지키라는 말씀이라 생각됩니다.

또 공자는 〈논어〉에서 백이, 숙제, 우중, 이일, 유하혜, 소연 등 초야(草野)에 묻혀 지냈던 은사(隱士)라 일컬어지는 사람들을 이렇게 평하셨습니다.

"그 뜻을 굽히지 않고 몸을 욕되게 하지 않은 이는 백이와 숙제였지. 뜻을 굽히고 몸을 욕되게 했으나, 말이 도리에 맞고 행동이 사려 깊었던 이는 유하혜와 소연이었어. 숨어 살면서 기탄없이 말을 했지만, 몸가짐이 깨끗했고 세상을 버리는 것이 시세(時勢)에 맞은 이는 우중과 이일이었지." 공자는 이렇게 은사들의 좋은 점과 나쁜 점을 들어서 말씀하셨습니다. 그리고 공자는 자신의 입장을 "나는 그들과 달라서 꼭 그래야 하는 것도 없고 그래서는 안 되는 것도 없다"라고 말씀하셨습니다.

이것은 앞서 '적당하고 적당하지 않은 것이 없으며, 정하고 정하지 않은 것이 없다'라고 말씀하신 것과 같습니다. 이는 얼핏 보기에 주장도 주의도 없는 평범한 무정견처럼 보이지만 실제로 그 속에는 중행(中行) · 중용(中庸)이라는 지고한 뜻이 담겨 있다고 생각합니다. 그래서 공자의 실제 모습에 대해 제자들은 "공자께서는 온화하시되 엄숙하시며, 위엄이 있으나 지나쳐서 사납지 않으시며, 공손하시면서도 평안하셨다"라고 말하였습니다.

—모로하시 데쓰지 〈공자 노자 석가〉

(나) 플로베르*는 〈보바리 부인〉에서 예리한 통찰력으로 저속한 소설이 주는 폐해를 고발한 바 있다. 현대에 이르러 너절한 영화, 진부한 홈드라마 등에 나타나는 모든 증거를 종합해 볼 때 대중문화는 불안을 몰아내기는커녕 오히려 더 조장한다고 할 수 있다. 대중문화가 인간의 기본적인 욕구를 만족시키고 인간의 기분을 전환시킨다는 주장의 근거는 바로 이러한 사실 앞에서 사라지고 만다.

현대 사회에서 많은 사람들은 인생이란 점차 의미가 없으며 하찮은 것이라고 생각하는 경향을 보이고 있다. 비록 '자아'의 위치 설정이 어렵기는 하지만 그들은 자신의 과거와 직장, 그리고 자신이 살고 있는 사회에서 소외되었다고 생각한다. 반 덴 하그도 지적했듯이 문명의 발달로 현대인은 유례없이 많은 시간을 즐길 수 있게 되었지만, 그 시간을 잘 활용하지 못 하면 오히려 그 시간에 질식되고 만다. 현대 사회는 이러한 진공 상태를 싫어하여 재빨리 이를 오락으로 채우려 한다. 그 결과 로마 제국 말기, 수많은 신(神)을 가지고 있었던 로마인들도 결코 누리지 못했던 신격화를 현대 사회에서는 우상화된 배우들이나 동물들이 누리고 있다. 언제부터인가 현대인들은 이러한 대중 마취현상을 매우 바람직한 것으로 받아들이고 있고, 심지어 일부 지식인들은 이를 찬양하기까지 한다. 그들

---

* **플로베르**(Gustave Flaubert, 1821-80): 프랑스의 소설가.

은 라디오 또는 텔레비전과 같은 대중 매체의 프로그램에 의
해 신경이 무뎌지듯이 산업 문명화에 따른 불안도 진정될 수
있다고 생각한다.

최악의 경우, 대중문화는 우리의 취향을 획일화시킬 뿐만
아니라, 선정적이고 폭력적인 내용으로 우리의 마음을 들끓게
하여 전체주의로 몰고 갈 우려가 있다. 대중 매체는 그 속성상
이러한 목적으로 서로 연결되어 있기 때문이다.

엠마 보바리*는 성인이 되어서도 소녀 시절에 탐독했던
시시한 읽을거리를 자주 읽지만 더 이상 마음의 평온을 느끼
지 못한다. 그녀는 기분을 전환시키고 싶어서 그렇게 해보지
만 더욱 악화될 뿐이다. 자신의 생활이 무의미하다고 생각하
기 때문에 기분이 상하게 되는 것이다. 이런 점에서 현대를 사
는 우리도 예외가 될 수 없다.

취향의 획일화에 의한 정신적 공허감은 차치하더라도 더
이상 즐거움을 주지 못한다는 이유에서 대중문화는 고발되어
야 한다. 불안한 현대 사회에서 대중문화는 그에 의해 해소되
었어야 할 긴장감을 오히려 더 조장한다. 신기한 전자 매체의
세계와 그 지배자들은 오락 산업의 많은 협력자들과 함께 그
들이 만들어낸 대중이 실제로 만족스러운 경험을 얻지 못하게
하고 있는 것이다. 저속한 대중문화가 현대 사회에 만연할 때,
진실한 심미적 경험은 거의 불가능하게 될 것이다.

—버나드 로젠버그 〈미국의 대중문화〉 ☹

다락원 명작노트 018

몽테크리스토 백작

펴낸이 정효섭
펴낸곳 (주)다락원

초판 1쇄 인쇄 2007년 1월 29일
초판 1쇄 발행 2007년 2월 5일

책임편집 안창열, 김지영
디자인 손혜정, 박은진
번역 장계성
삽화 손창복

다락원 경기도 파주시 교하읍 문발리 509-1
Tel:(02)736-2031 Fax:(02)732-2037
(내용문의: 내선 520/구입문의: 내선 113~114)
출판등록 1977년 9월 16일 제300-1977-23호

Copyright ⓒ 2007, 다락원

출판사의 허락 없이 이 책의 일부 또는 전부를
무단 복제·전재·발췌할 수 없습니다.
잘못된 책은 바꿔 드립니다.

값 8,500원

ISBN 978-89-5995-133-8 43740

패턴 따라 쉽게 쓰는 틴틴 영어일기 1, 2

❶ 일상생활 패턴정복
❷ 학교생활 패턴정복

중학교에 다니는 여학생과 남학생이 각각 일상생활과 학교생활을 중심으로 1년간의 일을 쉽고 재미있게 쓴 영어일기. 중학생이라면 누구나 한번쯤 겪어봤을 만한 일들을 바탕으로 한 다양한 일기 소재와 어휘가 제공되어 있기 때문에, 영어일기를 통해 영작을 연습하려는 학습자에게 큰 도움이 될 수 있는 교재이다. 중·고생뿐만 아니라, 중학 영어를 미리 예습하려는 예비 중학생들에게도 아주 효과적인 영어 학습서로 강추!

□ 정미선 지음 / 4·6배 변형 / 192면
□ 정가 10,000원 (오디오 CD 1개 포함)

Teen Teen Diary (전3권)

❶ 매일 10단어로 뚝딱 중학생 영어일기

중1 수준의 어휘와 문장으로, 영어일기와 일상회화에 대한 감각을 익힌다.

□ 정미선 지음 / 신국판 / 144면
□ 정가 7,500원 (테이프 1개 포함)

❷ 매일 5문장으로 술술 중학생 영어일기

중2 수준의 어휘와 문장으로, 영어일기에 친숙해지고 자신감을 쌓는다.

□ 정미선 지음 / 신국판 / 152면
□ 정가 7,500원 (테이프 1개 포함)

❸ 매일 내맘대로 쓱싹 중학생 영어일기

중3 수준의 어휘와 문장으로, 중학영어를 마스터하고 미국의 일상회화에 익숙해진다.

□ 정미선 지음 / 신국판 / 144면
□ 정가 7,500원 (테이프 1개 포함)

지니의 미국생활 영어일기 Hello! America (전2권)

❶ 가을학기 ❷ 봄학기

어느 한국 여학생의 미국생활 이야기를 일기 형식으로 담은 책. 1권은 '가을학기', 2권은 '봄학기'편으로, 총 1년간의 미국 학교생활 및 일상생활에 관한 흥미로운 이야기들이 담겨 있다. 미국 학생들의 실생활을 바탕으로 한 탄탄한 스토리로 살아 있는 현지 영어와 미국문화를 체험할 수 있을 뿐만 아니라, 영어 독해 및 영작 연습을 할 수 있는 아주 유용한 교재이다.

□ 이지현 지음 / 국배판 변형 / 152면
□ 정가 8,500원

영어 독해력 증강 프로그램
행복한 명작 읽기

〈행복한 명작 읽기〉는 기초가 약한 영어 초급자나 초, 중, 고 학생들이 보다 즐겁고 효과적으로 명작들을 읽으며 독해력을 키울 수 있도록 개발된 독해력 증강 프로그램입니다.

책의 특징

1 골라 읽는 재미가 있다. 초보자를 위한 350단어 수준에서 중고급자를 위한 1,000단어 수준까지 5단계 구성.

2 단계별로 효과적인 영어 읽기 요령과 영문 고유의 참맛을 느낄 수 있는 장치가 곳곳에.

3 읽기만 해도 영어의 키가 쑥쑥 – 해석을 돕는 돼지꼬리(⌒), 영어표현 및 문법 설명, 퀴즈가 왕창.

4 체계적인 듣기 학습까지. 전문 미국 성우들의 생동감 넘치는 원음을 담은 오디오 CD 제공.

왕초보 기초다지기

쉬운 영문을 통해 영어 독해에 대한 막연한 두려움을 없앤다.

Grade 1 — Beginner — 350 words

1 미녀와 야수
2 인어공주
3 크리스마스 이야기
4 성냥팔이 소녀 외
5 성경 이야기 1
6 신데렐라
7 정글북
8 하이디
9 아라비안 나이트
10 톰 아저씨의 오두막

Grade 2 — Elementary — 450 words

11 이솝 이야기
12 큰 바위 얼굴
13 빨간머리 앤
14 플랜더스의 개
15 키다리 아저씨
16 성경 이야기 2
17 피터팬
18 행복한 왕자 외
19 몽테크리스토 백작
20 별 | 마지막 수업

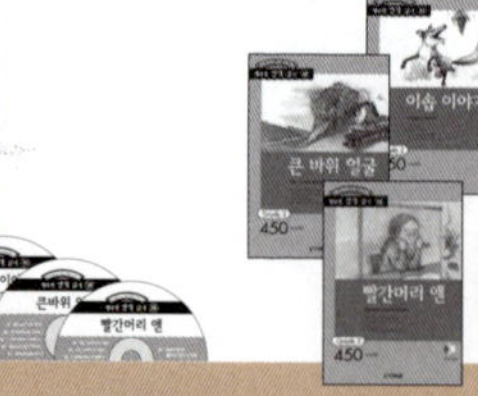

국판 | **Grade 1, 2, 3** 각권 6,000원
(오디오 CD 1개 포함)

Grade 4, 5 각권 7,000원
(오디오 CD 1개포함)

*어린왕자 8,000원
(오디오 CD 2개 포함)

**고도를 기다리며 9,000원
(오디오 CD 2개 포함)

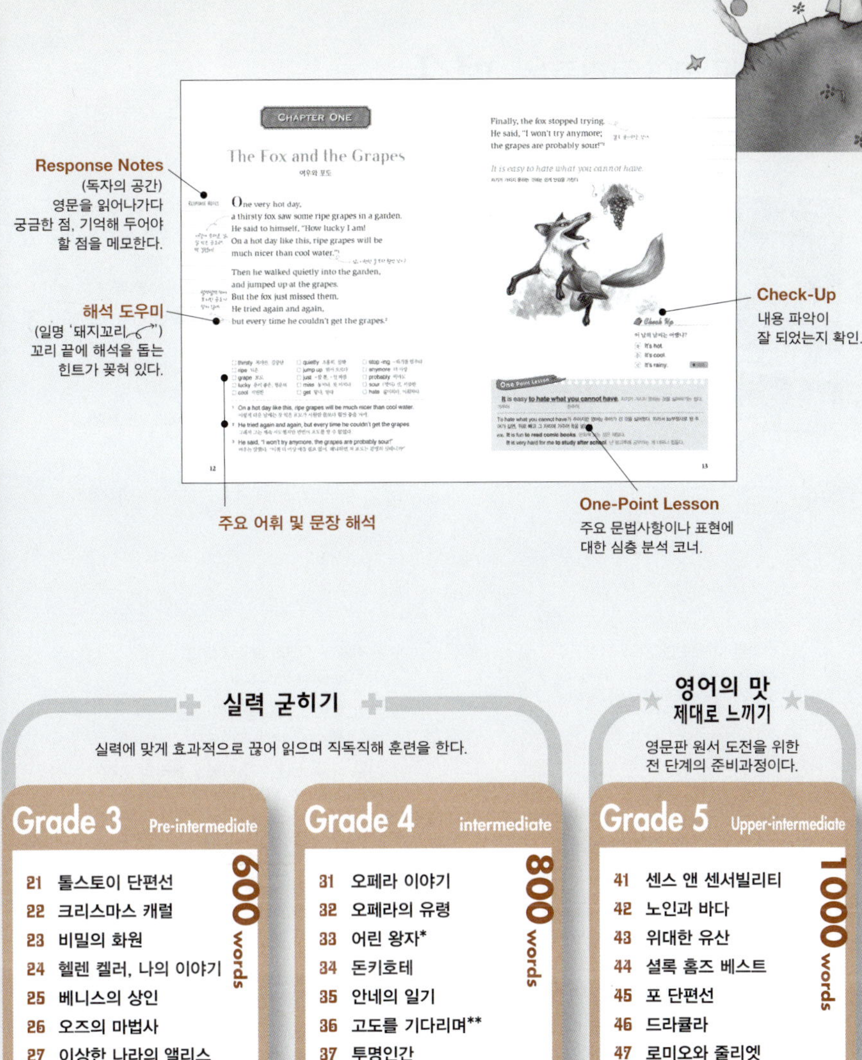

Response Notes
(독자의 공간)
영문을 읽어나가다
궁금한 점, 기억해 두어야
할 점을 메모한다.

해석 도우미
(일명 '돼지꼬리')
꼬리 끝에 해석을 돕는
힌트가 꽂혀 있다.

Check-Up
내용 파악이
잘 되었는지 확인.

One-Point Lesson
주요 문법사항이나 표현에
대한 심층 분석 코너.

주요 어휘 및 문장 해석

실력 굳히기

실력에 맞게 효과적으로 끊어 읽으며 직독직해 훈련을 한다.

영어의 맛
제대로 느끼기

영문판 원서 도전을 위한
전 단계의 준비과정이다.

Grade 3 Pre-intermediate

600 words

21 톨스토이 단편선
22 크리스마스 캐럴
23 비밀의 화원
24 헬렌 켈러, 나의 이야기
25 베니스의 상인
26 오즈의 마법사
27 이상한 나라의 앨리스
28 로빈 후드
29 80일 간의 세계 일주
30 작은 아씨들

Grade 4 intermediate

800 words

31 오페라 이야기
32 오페라의 유령
33 어린 왕자*
34 돈키호테
35 안네의 일기
36 고도를 기다리며**
37 투명인간
38 오 헨리 단편선
39 레 미제라블
40 그리스 로마 신화

Grade 5 Upper-intermediate

1000 words

41 센스 앤 센서빌리티
42 노인과 바다
43 위대한 유산
44 셜록 홈즈 베스트
45 포 단편선
46 드라큘라
47 로미오와 줄리엣
48 주홍글씨
49 안나 카레니나
50 나에겐 꿈이 있습니다
  ―명연설문 모음

콕콕 찍어 들려주는 명작 리스닝 시리즈 [전20권]

세계 명작소설을 쉽게 고쳐 쓴 중·고생용 학습 교재. 독해와 함께 청취력 향상을 위해 전 내용을 녹음하고, 매 페이지에 리스닝 포인트를 두어 한국인이 듣기 어려운 부분은 또박또박한 발음으로 반복해 들려준다. 권말에는 영어듣기 테스트를 수록해, 입시에서 점점 비중이 높아지는 듣기시험에 대비하도록 했다.

□ 각 권 4·6판／140면 내외
□ 정가: 각 권 5,800원 (테이프 2개 포함)

① 이상한 나라의 앨리스 / 백설공주와 일곱 난쟁이
Alice's Adventures in Wonderland /
Snow White and the Seven Dwarfs

② 이솝 우화
Aesop Fables

③ 그림 동화집 / 잭과 콩나무
Grimms Fairy Tales / Jack and the Beanstalk

④ 재미있는 이야기 / 미녀와 야수
Famous Stories / Beauty and the Beast

⑤ 알라딘과 요술램프 / 이른 아침의 살인
Aladdin and the Magic Lamp / Dead in the Morning

⑥ 오즈의 마법사 / 흑마 이야기
The Wonderful Wizard of Oz / Black Beauty

⑦ 걸리버 여행기 / 쉽게 번 돈
Gulliver's Travels / Fast Money

⑧ 거울 속의 앨리스 / 정원
Through the Looking Glass / The Garden

⑨ 피터 팬
Peter Pan

⑩ 큰 바위 얼굴 / 크리스마스 선물 /
알리바바와 40인의 도적들
The Great Stone Face / The Christmas Present /
Ali Baba and the Forty Thieves

⑪ 돈키호테 / 헨리 포드 이야기
Don Quixote / Tin Lizzie

⑫ 로빈 후드 / 어느 병사의 죽음
Robin Hood / Death of a Soldier

⑬ 신문 배달 소년 / 긴 터널 / 몰리의 순례자
Newspaper Boy / The Long Tunnel / Molly Pilgrim

⑭ 언덕 위의 집 / 헤라클레스
The House on the Hill / Hercules

⑮ 우주 도시로의 여행 / 요술 정원
Journey to Universe City / The Magic Garden

⑯ 마르코 폴로 / 크리스토퍼 콜럼버스 /
올리버 트위스트
Marco Polo / Christopher Columbus / Oliver Twist

⑰ 삼총사 / 레슬러
The Three Musketeers / The Wrestler

⑱ 불의 전차
Chariots of Fire

⑲ 런던 경시청 이야기 / 아서 왕
The Story of Scotland Yard / King Arthur

⑳ 도난당한 편지 / 붉은 머리 사교회 /
트래버스 씨의 첫사냥
The Stolen Letter / The Society of Red-Headed
Men / Mr. Travers First hunt